Käse vom Feinsten

Die Geheimrezepte der Käsemeisterin

SUSANNE HOFMANN

Inhalt

Käse ist mein Leben

SEIT ICH MICH ERINNERN KANN, stehen Milch und Käse im Mittelpunkt unserer Familie. Schon meine Urgroßmutter war Sennerin auf einer Alm hoch über dem Tegernsee, mein Großvater Käser in einer Molkerei und meine Eltern haben sich erst mit einer Molkerei selbstständig gemacht und dann 1972 den »Tölzer Kasladen« gegründet.

MIT UNSEREM »KÄSEMOBIL« war die ganze Familie in Deutschland und natürlich auch in Frankreich unterwegs, wo meine Mutter und mein Vater die wertvollen, handwerklich gefertigten »Käserohlinge« kauften, die dann in unseren Reifekellern liebevoll gepflegt und vollendet wurden. Für mich war eigentlich immer schon klar, dass ich nichts lieber machen möchte, als mit Käse zu arbeiten. So habe ich zunächst in meinen Lehr- und Wanderjahren auf einem Einsiedlerhof die Herstellung von Ziegenkäse gelernt, dann in Pariser Käsegeschäften und in den Markthallen von Rungis Erfahrungen gesammelt, um mir schließlich meinen großen Traum zu erfüllen: einen eigenen Käseladen – und zwar mitten auf dem weltberühmten Münchner Viktualienmarkt!

Der Tölzer Kasladen am Münchner Viktualienmarkt

MEIN GANZES HERZ hängt an den über 150 wunderbaren, köstlichen, traditionell hergestellten Käsesorten aus ganz Europa, die wir anbieten und denen mein Bruder Wolfgang als Affineur den letzten »Schliff« gibt. Und ich freue mich, wenn ich beim Verkaufen, bei Käseverkostungen, bei Kursen in der »Käseakademie«, auf Veranstaltungen oder auf dem »Tölzer Käsefestival« meine Begeisterung und mein Wissen weitergeben kann.

ICH WÜNSCHE MIR, dass Sie nach der Lektüre diese Buches nichts lieber wollen als »Käse, Käse, Käse«. Und zwar in seiner schönsten Form: aus bester Milch und handgemacht!

Ihre

Was ist das eigentlich – Käse?

Wer über Käse nachdenkt, stolpert irgendwann über juristische Texte. Die lesen sich so oder ähnlich: »Käseverordnung in der Fassung der Bekanntmachung vom 14. April 1986 (BGBl. I S. 412), die zuletzt durch Artikel 4 der Verordnung vom 17. Dezember 2010 (BGBl. I S. 2132) geändert worden ist. Diese Verordnung wurde vom Bundesminister für Ernährung, Landwirtschaft und Forsten erlassen. Wegen der Ermächtigungsgrundlage zum Erlaß dieser Verordnung vgl. BAnz. Nr. 118 v. 30.6.1965.«

So »dichten« Juristen, wenn sie sich mit Delikatessen befassen. Ich weiß nicht, wieso. Aber immer, wenn ich so etwas lese, fällt mir Ludwig Thomas Erzählung »Der Vertrag« ein. Dort heißt es: »Der königliche Landgerichtsrat Alois Eschenberger war ein guter Jurist und auch sonst von mäßigem Verstand.«

Ich möchte nicht wissen, was den Jüngern der Jurisprudenz durch den Kopf ging, als sie die »Käseverordnung« samt Ergänzungen und Streichungen zu Papier brachten. Ja doch, natürlich ist es gut, wenn Konsumenten durch Gesetze davor bewahrt werden, betrogen oder mit Viktualien bedient zu werden, die ihre Gesundheit gefährden. Niemand, dem am Essen und Trinken gelegen ist, sollte sich allerdings solche Schriftstücke zu Gemüte führen. Es sei denn, er hat die Absicht, sein Gewicht zu reduzieren. Denn sie sind wirksamer als jeder Appetithemmer aus der Apotheke.

Ich fang' mal ziemlich weit vorne an: Richtig umzugehen wussten unsere Urahnen mit dem, was ihnen als käsiges Jagdgeschenk des Himmels in den Schoß gefallen war, erst, als sie begonnen hatten, Rinder zu züchten. Die Himmelsgabe war ein von ihnen erlegtes Kitz, das gerade noch gesäugt worden war und in dessen Magen sie eine Art Labkäse gefunden hatten. Hat mir die überzeugende Käsefee Susanne Hofmann erzählt. Die Milch ihrer Vie-cher stellten sie in Tontöpfen neben ihre Höhlenfeuer. Dort wurde sie zunächst sauer und dann dick. Was in ihren Augen sonderbar ausgesehen haben muss, schmeckte ihnen offenbar trotzdem.

Bei den »alten« Griechen war dann jede Art von Käse »in«. Ihre Händler brachten ihn als Delikatesse, Opfergabe und er war überdies – was heutigen Reklamern recht ist – hellenischen Kaufleuten billig, als Mittel unter Leuten, die meinten, sie könnten damit ihren wollüstigen Geschlechtstrieb bis zur Maßlosigkeit steigern. Alles Käse – oder?

Ich will seriös bleiben und in die Gegenwart zurückkehren: Trotz technischen Fortschritts und trotz vieler Gesetze, die von Genussunfähigkeit zeugen und das handwerkliche Herstellen von Käse fast unmöglich machen, ist das Käsen noch immer ein Handwerk. Berufliches Wissen, persönliche Sorgfalt und Hingabe an den Beruf des Käsemeisters – auch in Großbetrieben – lassen nach wie vor köstlichen Käse entstehen. Trotz pingeliger Juristen und engherziger Bürokraten.

Was Käse nun für mich ist? Eine Köstlichkeit, die an keinem Tag, den der Schöpfer werden lässt, auf unserem Esstisch fehlt. Im Übrigen halt ich's mit dem norwegischen Komponisten Edvard Grieg (1843–1907): »Das Leben läuft fast ab wie ein Bankett: Ich bin mittlerweile leider beim Käse angelangt, aber er schmeckt mir auch.« Dem schließe ich mich bedenkenlos an.

Ihr Hanjo Seißler
Journalist & Käseliebhaber

KASLADEN

Wohl eine der angenehmsten
Arten, feinen Käse zu kosten:
bei Sonnenschein und einem
Gläschen Wein unter der
fachkundigen Anleitung
von Susanne Hofmann

Münchner Käsegeschichten

Kann es eigentlich einen schöneren Platz geben, um Käse zu verkaufen, als den Münchner Viktualienmarkt? Hier gibt es alles, was das kulinarische Herz begehrt: von roten Rüben aus Münchner Gärtnereien bis zu Flug-Mangos aus Thailand, von Pferdefleisch bis Wagyu-Rind, von Renke bis Tintenfisch, von Hopfendolden bis zu Bio-Kräutern. Und natürlich feinsten Käse … Auch der »Tölzer Kasladen« befindet sich in einem der kleinen, urigen Holzhäuschen mitten auf dem Markt. Vom Äußeren sollte man sich allerdings nicht täuschen lassen – denn hier herrscht wohlüberlegtes »Käse-Hightech«. Wer hineinwill, drückt auf einen Türöffner und – schwuppdiwupp – öffnet sich die elektrische Schiebetür, durch die man in das immer richtig klimatisierte Reich der »Käsepäpstin« eintritt. Klein, aber fein heißt hier die Devise: Jeder Zentimeter Platz ist hier bestens ausgenutzt. Und es ist immer wieder erstaunlich, wie lässig und angenehm man hier bedient wird und wie wohl man sich fühlt, selbst wenn die Kunden eng gedrängt vor den Käseauslagen stehen und warten, dass sie drankommen.

Immer freundlich, immer lustig, immer extrem kompetent und auskunftsfreudig: So ist die Chefin – und so sind auch alle, die hier arbeiten. Ein gutes Arbeitsklima und Freude an der Arbeit haben eben etwas für sich … Das finden natürlich auch die vielen Stammkunden, die hier am Samstagnachmittag gerne mal bei ein, zwei Gläschen Wein und etwas feinem Käse zum »Ratschen« (das bayerische Wort für kultivierte Unterhaltung …) vorbeischauen. Aber auch die Touristengruppen, die sich mit ihrem Guide zu einer Käseverkostung angemeldet haben und nach Aperitif und feinen Käsehäppchen total begeistert sind.

Neben Sterneköchen, Promis und Profis, die hier ihren Käse kaufen, gibt es natürlich auch noch die ganz »normale« Kundschaft, die wöchentlich »ihren« genau richtig reifen Lieblingskäse abholt, als wohlschmeckendes Geschenk für die Abendeinladung schnell mal eine kleine, nette Spanschachtel mit feinster Käsefüllung ersteht oder für den Geburtstag vom Opa ein exquisites Käse-Buffet bestellt, das die Chefin auch schon mal selbst vorbei bringt.

Wer die Gelegenheit hat, mit Susanne Hofmann über Käse ins Gespräch zu kommen, merkt schon nach kurzer Zeit, was es heißt, wenn jemand wirklich Leidenschaft und Begeisterung für ein Produkt hat. Richtig liebevoll erzählt sie von »ihrem« Käse – gut, dass ihr Mann und die beiden Kindern hier absolutes Verständnis haben. Der Sohn tritt bereits in die Fußstapfen der Mutter und lernt und arbeitet in den Reifekellern des »Tölzer Kasladens«. Mann und Tochter sind nach den Worten von Susanne Hofmann »mehr die wissenschaftlichen Typen« – aber ein Leben ohne Käse kann sich in dieser Familie wirklich keiner vorstellen!

»Schon in den Zeiten meiner beruflichen ›Wanderjahre‹ begegnete mir der ›Tölzer Kasladen‹ überall in den Hochburgen der deutschen Spitzengastronomie. Dann, in meinem eigenen Restaurant, wurde aus einer Geschäftsbeziehung eine wertvolle Freundschaft, die getragen wird von der gemeinsamen Liebe zum besonderen Genuss, zur Qualität und zur Gradlinigkeit!«

Johann Lafer, Sternekoch, Stromburg Le Val d'Or

»Seit über 30 Jahren bin ich dem ›Tölzer Kasladen‹ verbunden. Zuerst hat mir der Vater Hofmann beigebracht, was es mit dem Käse so auf sich hat. Und mit den Kindern ging das grad so weiter bis heute!«

Vincent Klink, Sternekoch, Restaurant Wielandshöhe, Stuttgart

»Die Nachhaltigkeit von Produkten liegt mir bekanntlich sehr am Herzen. So bin ich auch schon immer kompromisslos auf der Suche nach den besten, möglichst handwerklich und regional produzierten Produkten für meine Küche. Dieses Anliegen verbindet uns – die Geschwister Hofmann und mich – seit vielen Jahren. Das Engagement des ›Tölzer Kasladens‹, der sich ebenfalls von Beginn an für die Erhaltung der Tradition und Kultur von feinen Käse-Spezialitäten leidenschaftlich eingesetzt hat, freut mich deshalb außerordentlich!«

Eckart Witzigmann, Jahrhundertkoch

TRADITION UND KÄSE

» Tradition ist nicht das Halten der Asche,
sondern das Weitergeben der Flamme.«

Thomas Morus

Vom Labquark zum Feinschmeckerkäse

Die Geschichte des Käses begann schon in der Steinzeit und ist heute noch lange nicht am Ende. Über alle Kontinente hinweg entwickelten sich verschiedenste Käsesorten, die den jeweiligen Gegebenheiten Tribut zollen.

Als die Menschen den Käse entdeckten, …

… waren sie noch Jäger und Sammler und lebten von selbst erlegten Tieren und allem, was Wald und Feld Nahrhaftes zu bieten hatten. In dieser Zeit muss es auch gewesen sein, als ein Jäger im Magen eines getöteten Jungtieres die zu Labfrischkäse gewordene Muttermilch entdeckte. Außerdem fanden die Steinzeitmenschen beim damals üblichen Gebrauch von Tiermägen zum Transport von Flüssigkeiten heraus, dass eingefüllte Milch auf diesem Weg zum Gerinnen gebracht werden konnte. Aber

vor allem, dass das daraus entstandene Produkt, der »erste« Käse, wunderbar schmeckte!

Für den nächsten Schritt auf dem Weg zur bewussten Käseherstellung musste die Menschheit sich zunächst weiterentwickeln – nämlich zu Ackerbauern und Viehzüchtern, die auch Steinwerkzeuge und Tongefäße herstellen konnten. Wir richten unser Augenmerk hier ganz besonders auf den Vorderen Orient, das Gebiet, in dem die Kultur der Käseherstellung ihren Anfang nahm.

Das Zweistromland zwischen Euphrat und Tigris war die Heimat der Sumerer, die heute als die Begründer der professionellen Käseherstellung gelten. Ein sicherer Beweis dafür ist unter anderem ein Kalksteingemälde, das man bei Ausgrabungen in einem der Erd- und Muttergöttin Ninchursanga geweihten Tempel fand und auf dem die Darstellung der Milchverarbeitung genau zu sehen ist.

Man hatte gelernt, das Geronnene vom Festen zu trennen, den quarkähnlichen Käse mit natürlichen Zutaten wie Beeren, Kräutern und Gewürzen zu mischen und in geflochtene Körbe, später auch in Keramikgefäße zu geben. Der nächste Schritt in der Entwicklung war dann der Versuch, diesen Quarkkäse durch Auspressen, Trocknen, Salzen oder Räuchern haltbar zu machen. Diese Kunst der Käseherstellung breitete sich vom Orient sukzessive über Europa bis nach Afrika aus.

Persische Wandervölker verarbeiten auch heute noch ihre Milch durch schaukelnde Bewegungen in getrockneter Ziegenhaut. Der Bruch wird dann nach dem Abschöpfen in einem Kessel leicht erwärmt, von Hand fest ausgedrückt, zu Käselaiben geformt und zum Trocknen auf Holzgestelle gelegt.

Links: Aus der Heimat der Sumerer gelangte die Kunst der Käseherstellung auch nach Europa.

Schon 1897 wurden auf dem Viktualienmarkt Ziegenmilch und -käse verkauft.

Liebe geht durch den Magen…

… selbst bei Göttern. Inanna, die sumerische Göttin der Liebe, wollte heiraten und gleich zwei Bewerber hielten um ihre Hand an. Der eine war nur ein einfacher Hirte, der andere dagegen ein begüterter und angesehener Edelmann. Doch der Hirte kannte Inannas Leidenschaft für Käse: So brachte er ihr tagaus, tagein ein großes Stück seines besten und feinsten Käses – bis er endlich ihr Herz gewonnen hatte und sie ihn zum Mann nahm.

Die Himmelskuh nährt alle Menschen

Milch, die Grundlage der Käseherstellung, spielt in vielen Schöpfungsmythen und religiösen Geschichten eine wichtige Rolle. So wurde in der altägyptischen Götterwelt das Himmelsfirmament oft als »Himmelskuh« mit Sonnengott Re auf ihrem Rücken dargestellt. Ihre Aufgabe war es nicht nur, die Menschen zu schützen, sondern auch, zu nähren. Daher fließt aus den Eutern der ägyptischen Himmelskuh keine einfache Milch, sondern das lebenspendende Wasser des Nils, das die menschenabweisende Wüste

Unten: Seit Jahrtausenden versorgen Kühe die Menschen mit dem überlebenswichtigen Eiweiß ihrer Milch.

in eine der fruchtbarsten Regionen der Erde verwandeln konnte. Milch war für die alten Ägypter ein wichtiger Faktor der produzierenden Landwirtschaft, wurde aber selten getrunken, sondern meistens zu Käse verarbeitet. So finden sich zum Beispiel im Grab von Tuthmosis III. Reliefs mit Melkszenen und Gerätschaften zur Käseherstellung. Und auf einer gut erhaltenen Papyrosrolle mit der Auflistung des Reiseproviants für eine Schiffsreise gibt es bereits den Posten »Käse«.

Die nordische Mythologie

In der nordischen Mythologie beginnt die gemeinsame Geschichte von Mensch und Rind mit Audhumla. Als das Eis in Ginnungagap, der gähnenden Schlucht an allem Anfang der Welt, durch die aus Muspellheim, dem Reich des Feuers, einströmende Hitze schmolz, entstand Audhumla, die milchreiche, die allnährende Kuh als eines der ersten Lebewesen auf Erden. Von den vier Milchströmen ihres Euters ernährte sie den Stammvater aller Reifriesen, Ymir. Und aus den salzigen Eisblöcken, die sie beleckte, da sich auf der wüsten Erde noch keine Weide zeigte, kam das erste menschliche Wesen zum Vorschein, Buri, der Stammvater der Götter. Dessen Enkel wiederum – Wotan, Wili und We – erschufen das erste Menschenpaar, Ask und Embla. Und Audhumla, die mit ihren Milchströmen die Erde nährte, bekam von ihnen Weide, Zäune und Gesellschaft. So wurden der Mensch und die Kuh füreinander und miteinander geboren und von den Göttern wohlwollend begleitet.

Die Kuh

Viele Jahrtausende war es die Kuh, die die Menschen mit dem überlebenswichtigen Eiweiß ihrer Milch versorgte, die schwere Lasten trug und den Pflug über die Felder zog. Es war die Kuh, die nach ihrem Tod mit ihrem Fleisch die Menschen ernährte, mit ihrem Talg das Lampenlicht und die heilende Salbe spendete und mit ihrem Fell für wärmende Bekleidung sorgte. Selbst die Schwanzquaste diente noch als Schmuck und das Horn als Trinkgefäß, Helmschmuck und Musikinstrument.

Käsemeister Aristoteles

In der Antike wurde das Produkt »Käse« hoch geschätzt: als besondere geistige Nahrung für Philosophen, als Zahlungsmittel, als Siegesprämie bei Wettkämpfen und nicht zuletzt als Opfergabe für die Götter. Die Griechen haben die Entdeckung des Käses den Nymphen zugeschrieben. Diese hätten Aristeus, dem Sohn von Apollo, die Kunst beigebracht, wie man Milch in Käse verwandelt. Homer beschreibt in seiner »Odyssee« als Erster auf detaillierte Weise die Herstellung eines Schafkäses. Er berichtet, wie der Zyklop Polyphemus in seiner Grotte die Schafe melkt, die Milch mit Lab versetzt und den Bruch in Weidekörbe füllt. Im Griechischen heißt der Weidenkorb »Formos«, sicherlich namensgebend für den italienischen »formaggio« und den französischen »fromage«.

Hippokrates, der erste große Arzt der Menschheitsgeschichte, definierte den Käse als »stark, wärmend und nahrhaft«. Er favorisierte allerdings zur Käseherstellung Stutenmilch, deren hoher Gehalt an Immunglobulinen, speziellen Eiweißen, Vitaminen und ungesättigten Fettsäuren sie aus medizinischer Sicht zu einem hochwirksamen Lebensmittel macht. Ihr gesundes Geheimnis liegt übrigens in der nahen Verwandtschaft zur menschlichen Muttermilch!

Auch Aristoteles behandelt in seinen Werken Tiere und ihre Milch und geht intensiv auf die Käseherstellung ein. So beschreibt er die Gerinnung verschiedener Milchsorten, deren wirtschaftliche Ausbeute, verschiedene Experimente mit Labgerinnung und die Erkenntnisse über die Käsereitauglichkeit der Milch. Bei der Untersuchung verschiedener Futtermittel musste er feststellen, dass manche die Milch sogar versiegen lassen, andere dagegen die Milchmenge mehren können. Als Gerinnungsmittel nennt Aristoteles Hirschlab, aber auch Blüten und Samen distelartiger Korbblütler wie Labkraut und natürlich den weitverbreiteten Saft des Feigenbaums. Zum Haltbarmachen von weicherem Käse berichtet Aristoteles von der Verwendung der Blätter des Arumkrautes, von Salzlake und einer Flüssigkeit aus Essig und Süßmost.

Käse war bei den Griechen ein wichtiges Lebensmittel von hohem Wert. So waren auf den Märkten für die Hirten, die dort ihre selbst produzierten Käse verkauften, immer Standplätze reserviert – und es gab bereits Vorschriften, in denen die notwendigen Qualitätskriterien für den zum Verkauf angebotenen Käse festgehalten wurden.

Etwa ab 700 vor Christus besiedelten griechische Kaufleute und Händler von Sizilien über Süditalien bis nach Südfrankreich den gesamten Mittelmeerraum – und trugen so auch ihre profunden Kenntnisse über Viehhaltung und Milchverarbeitung weiter. Cicero schrieb, dass sich von Griechenland nach Rom »… nicht ein kleines Bächlein, sondern ein riesiger Strom griechischer Wissenschaft und Kunst« ergossen habe. So ist es auch nicht verwunderlich, dass auch das griechische Wissen über die Herstellung von gutem Käse auf die Römer überging. Die Römer selbst waren Meister in der Kunst der Käseveredelung: So gab es einen speziellen Gewerbezweig, der sich nur mit dem Räuchern von Käse mit Apfelbaumholz und Stroh beschäftigte. Die Römer kannten aber bereits auch keltische und gallische Käsesorten, die über die Alpen in das Römische Reich gelangten.

Das römische Wort für Käse – »caseus« –
wurde von Liebenden auch gerne als Kosewort benutzt …

Unten: Schon die Römer kannten die Kunst der Käseveredelung und importierten keltische und gallische Käsesorten.

Milch, Käse und die Evolution

Die Germanen waren das erste Volk mit dem Merkmal der Laktasepersistenz, also ausgestattet mit der genetischen Möglichkeit der physiologischen Verwertung von Milchzucker. Zunächst konnten nämlich die meisten Menschen Milch noch gar nicht verdauen. Nur eine kleine Minderheit verfügte über diese Fähigkeit – aber diese Minderheit wurde jahrtausendelang von der Evolution derart bevorzugt, dass die Häufigkeit des Merkmals der Laktasepersistenz von nahezu null auf über siebzig Prozent anstieg. Eigentlich gut nachvollziehbar, liegt der evolutionäre Vorteil doch praktisch auf der Hand: Mit der energiereichen Milch ließ sich die hohe Rate der Kindersterblichkeit nach dem Abstillen reduzieren und Jahre mit schlechter Ernte konnten energetisch ausgeglichen werden. Das Überleben der Menschheit war durch den Genuss von Milch und Käse also gesichert. Forscher sprechen in diesem Zusammenhang deshalb auch von dem Gen mit der möglicherweise höchsten positiven Selektion im gesamten menschlichen Genom! Die Germanen bevorzugten übrigens, wie auch die anderen nordischen Völker, Sauermilchkäse – obwohl ihnen die Labkäseherstellung durchaus bekannt war.

Unten: Gutes Futter auf der Weide macht die frische Milch der Kühe noch schmackhafter.

Fasten mit Käse

Die fortschreitende Christianisierung und das Entstehen vieler neuer Klöster förderte die Weiterentwicklung der Landwirtschaft. Die strengen Essensvorschriften der Mönche, vor allem das Gebot, in der Fastenzeit kein Fleisch zu essen, machten den Käse zu einem wichtigen Bestandteil der klösterlichen Ernährung. Man experimentierte mit neuen Käserezepturen, entwickelte zahlreiche Käsesorten und gab das Wissen auch an die Bauern weiter.

Milch und Käse wurden als landwirtschaftliche Erwerbsprodukte allerdings bis Mitte des 18. Jahrhunderts nicht sehr hoch gehandelt. In den meisten europäischen Ländern wurde zwar viel für Getreide, aber wenig für Milch gezahlt. Die Rinder auf den damals noch recht kleinen Höfen dienten vorwiegend als Arbeitstiere und als Fleischlieferanten, die Kuhmilch war lediglich ein »Nebenprodukt«.

Ein Grund dafür waren die schlechten Kühl- und Transportmöglichkeiten: Die Milch der einzelnen Höfe wurde auf Ochsenkarren, die sich langsam im Schritttempo fortbewegten, zu Sammelstellen gebracht. Das dauerte so lange, dass entweder das Milchfett bereits zu Butter geronnen war oder die Milch schon auf dem Weg sauer wurde und sich nicht mehr zum Verkäsen eignete!

Auf der Alm

Während der Sommerzeit gaben die Kühe mehr Milch, als man auf den kleinen Höfen frisch verbrauchen konnte. Also verarbeitete man die Milch zu Käse. Nur der besonders haltbare Hartkäse konnte trotzdem kaum hergestellt werden – denn für ihn benötigte man richtig große Milchmengen. Wegen fehlender Kühl- und Lagermöglichkeiten konnte man die Milch aber nicht über Tage sammeln. Meist gerann sie vorher durch Milchsäurebakterien und war nur noch für die Quark- oder Frischkäseherstellung geeignet. So blieb die Hartkäseherstellung meist auf die Alpregionen beschränkt, wo man im Sommer die Kühe aus einem Dorf gemeinsam hütete. Damit war gewährleistet, dass man immer eine ausreichende Milchmenge zur Verfügung hatte, um die für Hartkäse charakteristische Labgärung durchzuführen.

Anfang des 19. Jahrhunderts kam es zu einem fundamentalen Wandel: Bis zu diesem Zeitpunkt wurde auf den Ackerflächen im Tal Getreide angebaut – die Kühe grasten auf den Almwiesen und der Alpkäse wurde nur im Gebirge auf Sennhütten hergestellt. Durch eine Hungersnot kam es zu tief greifenden Veränderungen: Das Getreide kam plötzlich billig aus Amerika und man konnte es günstiger kaufen als selbst anbauen. Durch diese Entwicklung konnten die Ackerflächen jetzt auch für die Viehhaltung genutzt werden und so war es auch möglich, guten Käse im Tal zu produzieren. Die erste genossenschaftliche Emmentaler Dorfkäserei entstand und der Alpbetrieb verlor seine Bedeutung. Die daraus resultierende Armut mancher Alpkäser trieb sie zum Auswandern in die ganze Welt – der Grund dafür, dass man heute auch in Russland und Amerika europäische Käserezepturen findet …

»Käsewochen« nennt man in vielen Bergregionen, in denen wertvolle, großlaibige Hartkäse hergestellt werden, auch die Flitterwochen …

Käse oder kein Käse – das ist hier die Frage

Wer früher um die Hand seiner Angebeteten anhielt, musste beim ersten Familienbesuch darauf achten, was ihm angeboten wurde: Durfte man in der Schweiz vom wertvollen Familienkäse kosten, war man praktisch schon akzeptiert und für gut befunden worden; wurde man dagegen in Deutschland mit Quarkkäse statt mit Wurst und Schinken »abgespeist«, hatte man beim Familienclan eigentlich keine Chance!

Unten: Anfang des 19. Jahrhunderts wanderten viele Alpkäser nach Amerika und Russland aus.

Käse in Europa

Im gesamten europäischen Alpenraum wurde Bergkäse hergestellt – allerdings nur im Sommer, wenn es in den Höhenregionen
reichlich Gras mit Klee und Kräutern gab. Die harten Bergkäse
waren lange haltbar und auch für weite Transporte gut geeignet.

In der **Schweiz** kann man die Herstellung von Appenzeller, Greyerzer und Emmentaler bis ins 12. Jahrhundert zurückverfolgen.
Hier war es (wie in anderen Alpenländern auch) üblich, dass die

Unten: Harte Bergkäse wie der Greyerzer wurden in den Alpen
schon vor Hunderten von Jahren hergestellt.

Käsekessel von den Klöstern an die Bauern verliehen wurden und
diese dafür als Bezahlung eine bestimmte Menge an Käse ablie-
fern mussten. So erhielt das Kloster in St. Gallen bereits um 1400
jährlich 5 000 Appenzeller Käse!

Österreich erfuhr durch die Klöster im Mittelalter ebenfalls einen
starken Aufschwung bei der Käseherstellung. Da das Land zum
großen Teil gebirgig und dadurch stark gegliedert ist, entwickelten
sich hier viele lokale Käsespezialitäten – wie den Tiroler Graukäse,
den Steirerkäse oder den Pinzgauer Bierkäse.

Auch in **Deutschland** hatte das Klosterwesen großen Einfluss auf
die Entwicklung der Käseproduktion. Käse spielte im Mittelalter
eine wichtige Rolle bei der Nahrungsmittelversorgung der Klöster.
So fand man auf einem Verpflegungszettel des Klosters Werden
an der Ruhr aus dem Jahr 1063 die Notiz, dass jedem Mönch
wöchentlich zwischen 1 und 2 Pfund Käse zustanden. Bis zum
Dreißigjährigen Krieg gab es von Bayern bis Ostpreußen eine gut
entwickelte Milchwirtschaft und Käsereifachleute aus der Schweiz,
aus Holland und aus Lothringen entwickelten in den Fürstentü-
mern die Käseproduktion erheblich weiter. Doch die verheeren-
den Folgen des lang andauernden Krieges führten auch zu einem
Niedergang der Landwirtschaft. Die Herstellung von Käse kam
praktisch zum Erliegen.

*»Experten sehen im Dreißigjährigen Krieg den Grund für die
unterschiedliche Entwicklung von Deutschland und Frankreich in puncto Käse. Während die Franzosen über Jahrhun-
derte ihre regional geprägten Käsesorten pflegen und entwickeln konnten, war diese Entwicklung in Deutschland einfach
gewaltsam unterbrochen worden!«*

Im Allgäu kam es Anfang des 19. Jahrhunderts in den Dörfern zu
einer verstärkten Ausbreitung von meist sehr einfach eingerichte-
ten Hofkäsereien, die vorwiegend *Rundkäse* und *Backsteinkäse*
herstellten – und (abgeleitet aus einem lokalen Weichkäse und

unter Mitarbeit belgischer Käser) den Allgäuer Limburger und den Allgäuer Romadur. Bereits damals zeichnete sich ab, dass dieses Gebiet auf dem Weg war, sich zur »Käseküche« Deutschlands zu entwickeln. Heute zählen das bayerische und württembergische Allgäu sowie Teile Ober- und Niederbayerns, Schleswig-Holstein, Niedersachsen und Hessen zu den wichtigsten Käsereigebieten.

Frankreich war schon immer **das** Käseland schlechthin: Bereits die Gallier lieferten ihren Käse nach Rom und mittelalterliche Könige und Feudalherren schätzten die vielfältigen Spezialitäten der bäuerlichen französischen Käseküche.

Das große und variantenreiche Käseangebot in **Frankreich** (»… mehr Käse als das Jahr Tage hat …«) ergibt sich auch aus der geographischen und klimatischen Vielfalt des Landes. Der Norden ist die Heimat der Weichkäse, überwiegend mit gewaschener Rinde wie zum Beispiel der Camembert. Der Nordosten bevorzugt kräftig-aromatische Weichkäse vom Typ Maroilles (ein Käse, der bereits 1174 urkundlich erwähnt wird) und Munster. Vom Burgund bis über das Loiretal erstreckt sich das Ziegenkäsegebiet. In diesem Gebiet wird von alters her Wein angebaut – und Ziegen sind für diese Kulturlandschaft die idealen Milchtiere! In den Westalpen finden wir die Bergkäsetypen und im südlichen Zentralmassiv gibt es die verschiedenen *Bleus*, also Käse mit blau-grünem Innenschimmel. In den Pyrenäen produzieren die dort ansässigen Bauern und Hirten vor allem Schafkäse – die steilen und kargen Hänge der Gebirgskette zwischen Frankreich und Spanien sind nämlich ideal für eher genügsame Tiere wie Schafe.

In den **Niederlanden** entstand einer der bekanntesten und beliebtesten Schnittkäse der Welt, der Gouda. Wie der Name schon sagt, stammt er ursprünglich aus der Region rund um die Stadt Gouda. Hier wurde er schon im Jahr 1184 urkundlich erwähnt – also nachweislich ein Käse mit langer Tradition. Er schmeckt, je nach Reifegrad, unterschiedlich: junger Gouda mild und rahmig, alter Gouda sehr würzig und von der Konsistenz her eher wie Parmesan.

Dass die Goudakäse mit einer Wachsschicht überzogen sind, hat einen ganz einfachen Grund: So konnte man den Käse ganz ein-

fach vor dem Austrocknen schützen – auch ohne Reifekeller mit gleichbleibender Luftfeuchtigkeit. Denn solche Keller waren in einem Land, das zum Teil unterhalb des Meeresspiegels liegt, schließlich nicht so leicht einzurichten!

In England sind Chester und Cheddar wohl die ältesten **Käsesorten**. Interessant ist, dass es hier bereits um 1600 nachweislich eine gemeinsame, sozusagen genossenschaftlich betriebene Cheddarproduktion gab: Die Bauern lieferten die Milch an eine gemeinsame Sammelstelle, wo – wie in einer Molkerei – große Cheddarkäse mit einem Gewicht von bis zu 60 Kilogramm hergestellt wurden.

Unten: In keinem Land der Welt gibt es mehr Käsesorten als in Frankreich.

»Stilton ist ein Blauschimmelkäse, der mich wirklich überrascht hat! Der in England hergestellte Käse hat einen außergewöhnlichen Charakter, sein Geschmack erinnert an getrocknete Pflaumen und seine süßen Noten sind beinahe weihnachtlich – da passt es, dass er gerade im Winter besonders gut und cremig ist. Die herausragende kulinarische Stellung des Stilton ist auch deshalb bemerkenswert, weil seine Herstellung eigentlich dem gleichen Ablauf folgt wie die meisten englischen Käsesorten: dem ›Cheddaring‹. Dabei lässt man den Käsebruch ruhen, bis er sich wieder vereint, schneidet ihn dann in Blöcke und legt diese übereinander, um möglichst viel Molke herauszupressen, was den Käse später glatt und geschmeidig macht. Beim Stilton wird der Teig anschließend kleingeschnetzelt, gesalzen und in zylindrische Formen gefüllt. Die fertigen Laibe lagern dann einige Wochen, bis eine gelb-braune Rinde anzeigt, dass es Zeit wird für die finale Behandlung des Käses: das ›Piercing‹. So nennen es die englischen Käser, wenn sie die Stiltonlaibe mit dünnen Stahlnadeln durchbohren, um die Luft hineinzulassen, die die Schimmelkulturen vom Typus *Penicillium roqueforti* so dringend brauchen. Nur so können sich jene blauen Äderchen bilden, die den reifen Stilton durchziehen und ihm sein marmoriertes Aussehen verleihen. Ihnen verdankt er seinen Namen, der komplett eigentlich *Blue Stilton* lautet. *White Stilton* nannte man dagegen jene Laibe, die einfach nicht schimmeln wollten. Heute ist der *White Stilton* eine absichtlich ungepiercte und schimmellose Variante, die ein wenig an Frischkäse erinnert und in England gerne für Desserts verwendet wird. Heute gibt es nur noch eine Handvoll Molkereien, die den mittlerweile streng ursprungsgeschützten, in England auch als ›König der Käse‹ gefeierten *Blue Stilton* produzieren.«

Unten: »Piercing« nennen es englische Käsemeister, wenn sie die Stiltonlaibe für die Schimmelbildung mit dünnen Stahlnadeln durchbohren.

In **Norditalien**, wo es deutlich wärmer war als auf der anderen Seite der Alpen, schätzte man eher frische, säuerliche Käse oder haltbare Käse mit gepresstem Teig und Hartkäse mit oft sehr scharfer Note. Parmigiano (der in Parma, Piacenza und Reggio erzeugt wurde), Gorgonzola (nach dem gleichnamigen Dorf in der Nähe von Mailand) und Taleggio (benannt nach einem Tal bei Bergamo) wurden bereits im 11. und 12. Jahrhundert hergestellt. Weiter südlich, vor allem rund um Neapel, wurden durch die Griechen Wasserbüffel eingeführt. Die sumpfige Landschaft konnte damals nicht kultiviert werden, sodass die Wasserbüffel die einzige Tierrasse waren, die hier leben konnte. Aus ihrer Milch entstand damals der Mozzarella, heute auch noch als Mozzarella di Bufala weltberühmt und äußerst beliebt. So gehören die *Filata-Käse* (neben dem Pecorino) wohl zu den ältesten Käsesorten Italiens.

Das Besondere und Außergewöhnliche am Büffelmozzarella ist seine lang anhaltende Aromatik – schon wenn man ihn aufschneidet, entfaltet sich sein wunderbarer Duft. Manche behaupten sogar, es sei ein spezielles Moschus-Aroma, das diesen Käse so begehrenswert macht. Außerdem offenbart der aufgeschnittene Käse (wenn er handwerklich hergestellt wurde) seine individuelle, ganz unterschiedliche Struktur. Industrie-Mozzarella aus Kuhmilch ist dagegen meist pastös, fest im Teig, nahezu ohne Geschmack und deshalb bestenfalls ein Träger für das Olivenöl, das man über ihn träufelt.

Echter Büffelmozzarella wird in aufwändiger Handarbeit produziert, die sich lohnt und die man schmecken kann. Auch heute noch – zumindest von einer kleinen Schar an Käsern, denen diese Tradition am Herzen liegt. Der Käsebruch wird mit heißem Wasser überbrüht und mit einem Stab immer wieder in die Länge gezogen, bis er ganz geschmeidig wird. Diesem sogenannten ›Filatieren‹ folgt schließlich jener Handgriff, dem der Käse nicht nur seine charakteristische Form, sondern auch seinen Namen verdankt: ›die Mozzatura‹. Dabei reißt (›mozzare‹) der Käser zwischen Daumen und Zeigefinger Stücke der Masse ab und gewinnt auf diese Weise kleine, kompakte Käsekugeln, die anschließend in ein kaltes Bad aus gesalzener Molke wandern. Weil die Produktion auf diese traditionelle Weise eine heiße und sehr anstrengende Arbeit ist, die viel Ausdauer erfordert, geben immer mehr Produzenten die teure und aufwändige Handarbeit auf und lassen den Teig stattdessen von Maschinen reißen und formen. Die Herkunftsbezeichnung *Mozzarella di Bufala Campana* dürfen freilich auch diese Käse tragen, solange sie in den Regionen Caserta, Salerno, Neapel, Benevento, Latine und Frosinone erzeugt wurden.

Bei uns ist die klassische italienische Vorspeise »Caprese« mit feinem Büffel-Mozzarella, frischen Tomaten, Basilikumblättchen und erstklassigem Olivenöl vor allem in der Sommerzeit sehr beliebt!

Unten: Einem Tal bei Bergamo verdankt der cremige, bereits seit dem 11. Jahrhundert hergestellte Weichkäse Taleggio seinen Namen.

Schon die Römer wussten Käse aus **Spanien** zu schätzen – zum Beispiel den berühmten Manchego-Käse aus der Milch der gleichnamigen, robusten und wetterfesten Schafe, die genügsam sind und auch in kargen Landschaften mit wenig Futter leben können. Auch Ziegen sind ideal für das trockene und heiße spanische Klima – und Ziegenkäse wie der Ibores, der Majorero und der Queso de Cabra sind nicht nur in ihrer Heimat beliebt und begehrt. Da Kühe weniger robust sind, werden sie vor allem im grünen und feuchten Norden der Iberischen Halbinsel gehalten. Aus ihrer Milch wird (je nach Jahreszeit aber auch aus Schaf- und Ziegenmilch) der würzige Blauschimmelkäse Cabrales hergestellt.

Aber nicht nur in Spanien, sondern in allen Ländern rund ums Mittelmeer wurde Schafkäse hergestellt – in Griechenland zum Beispiel der heute noch in der ganzen Welt äußerst beliebte Feta in Salzlake.

»Griechischer Feta ist weit mehr als eine Delikatesse aus Schafmilch – er ist ein europäisches Kulturgut! Schließlich liegen die Ursprünge des Salzlakenkäses weit zurück in der griechischen Antike. Feta wird aus reiner Schafmilch gemacht, manche Produzenten setzen auch einen Teil Ziegenmilch zu – die verleiht dem Käse, der durch die Schafsmilch eine cremige und karamellige Note bekommt, dann zusätzlich noch Säure. In unseren Zeiten führte die Beliebtheit des Käses dazu, dass viele Molkereien in Europa Kopien aus der weitaus günstigeren Kuhmilch produzierten, diese aber gleichfalls mit *Feta* titulierten. Die Griechen protestierten dagegen – mit Erfolg. Per EU-Verordnung dürfen nur noch solche Käse den Namen *Feta* tragen, die vom griechischen Festland und von der Insel Lesbos stammen und nach festgelegtem Rezept produziert worden sind: Käse aus Schaf- bzw. Ziegenmilch, die in Salzlake gereift sind. Darin liegt nämlich die große Besonderheit des Fetas: Nach der Labung werden die Blöcke für mehrere Wochen in gesalzene Molke eingelegt, die den Käse nicht nur konserviert, sondern ihm auch zusätzliche Würze gibt. Während heute die Mehrheit der großen griechischen Käseproduzenten für diese Reifung Plastikfässer verwendet, nehmen kleine Hersteller dafür sogar noch Holzfässer. Das ist natürlich die bessere Variante – denn während die Plastikfässer völlig luftdicht sind,

lassen die Holzfässer Sauerstoff durch. Feta, der auf diese Weise gereift ist, schmeckt einfach noch ein bisschen besser. Das Problem bei der Sache: Auf diese traditionelle Weise käsen in Griechenland nur noch Hofkäsereien, die meisten von ihnen produzieren lediglich kleine Mengen für die Eigenvermarktung vor Ort. Und in der Regel wollen und können sie die für den Export nötigen EU-Auflagen gar nicht erfüllen …«

Auch in der Türkei, einem traditionellen Käseland, war und ist Schafkäse auch heute noch am weitesten verbreitet. Allerdings wird jetzt auch mehr und mehr Kuhkäse hergestellt. Zu den bekanntesten türkischen Käsesorten gehört *Beyaz Peyniri*, ein weicher Lakenkäse aus Schafmilch (Pendant zum griechischen Feta). Früher ließ man den Käse in Schaf- oder Ziegenhäuten reifen. Heute wird er nach einer anderen Rezeptur hergestellt, schichtweise in Behälter aus Weißblech gelegt, gesalzen und mit Lake bedeckt.

Mit Lakenkäse aus Schafmilch – ganz gleich ob aus Griechenland oder der Türkei – lässt sich ganz schnell ein feiner Mittelmeer-Salat zaubern. Einfach Blattsalat mit Gurken- und Tomatenscheiben, bunten Paprikastreifen, Zwiebelringen, Oliven und eingelegten Peperoni dekorativ auf einer Platte oder einem großen Teller anrichten, mit einem leichten Zitronen-Olivenöl-Knoblauch-Dressing beträufeln und den grob gewürfelten Schafkäse darauf verteilen. Wer mag, kann das Ganze noch »türkisch« mit Sumak (einem säuerlichen Pulver aus der Essigbaumfrucht) oder »griechisch« mit Oreganoblättchen bestreuen.

Köstlich sind auch die in beiden Ländern gern gegessenen, knusprigen Teigröllchen, die mit einer Mischung aus Schafkäse, Kräutern und Gewürzen gefüllt sind.

Rechts: Ziegenmilch verleiht dem klassischen Feta zusätzlich etwas Säure und damit einen besonderen Geschmack.

Käse der Welt

»Gouda, Emmentaler, Cheddar und Parmesan sind die ›Weltbürger‹ der Käsesorten – man findet sie praktisch in allen Gebieten der Erde!«

Die größten Käseproduzenten der Welt sind von Platz 1 bis 5: USA, Deutschland, Frankreich, Italien und Holland.

Amerika

Während man in Mesopotamien, dem Schwarzmeerraum, Kleinasien, Ägypten und Nordafrika bereits seit ca. 7000 Jahren (etwa um 5000 v. Chr.) Käse herstellt, waren in der sogenannten neuen Welt – Amerika, Australien und Neuseeland – Milchtiere und Käseherstellung bis zum Eintreffen der Europäer gänzlich unbekannt. In den Andenregionen Südamerikas kamen erst mit den Schiffen der Europäer Kühe, Ziegen und Schafe auf den Konti-

Unten: Italienische Einwanderer brachten die Kunst der Parmesanherstellung nach Südamerika.

nent – und mit den zur Missionierung der Ureinwohner mitgereisten Mönchen auch das Wissen um die Käseherstellung.

Die hohen Regionen der Anden sind für die Milchtierhaltung im großen Stil weniger geeignet. Die klimatischen Gegebenheiten erlaubten deshalb nur die Herstellung von Frischkäse und kurz gereiftem Käse. In den tieferen Regionen Lateinamerikas hielt und hält man Rinder bevorzugt wegen des Fleisches. Dennoch hat sich hier auch eine beachtliche Vielfalt klassischer Käsesorten entwickelt und Käse ist zu einem wichtigen Bestandteil der Ernährung geworden. Beliebt sind vor allem kurz gereifte, milde Käse mit nicht zu ausgeprägtem Aroma oder leicht süßem, nussigem Geschmack.

Zwischen dem 17. und dem 19. Jahrhundert kamen viele Einwanderer aus Italien und der Schweiz nach Südamerika. Weil sie auch hier ihre traditionellen Käsesorten essen wollten, findet man heute zum Beispiel in Argentinien den Cuartirolo, der dem italienschen Taleggio ähnelt, und den Reggianito oder Saltido, einen salzigen Hartkäse im Parmesan-Stil. In Venezuela ist der spanische und in Brasilien der portugiesische Einfluss zu spüren. In Mexiko ist einer der beliebtesten Käse der Oaxaca oder Asadero, ein dem Mozzarella ähnlicher Filata-Käse in Kugelform oder als Zopf geflochten aus vollfetter Kuhmilch.

Auch bei den Ureinwohnern Nordamerikas war die Käseherstellung offenbar unbekannt. Milchtiere und europäische Käserezepturen kamen vor allem im Zuge der Einwanderungswellen nach Nordamerika. In Kanada brachten zunächst französische Einwanderer Rezepturen für Weichkäse mit und die englischen Immigranten begannen mit der Cheddar-Produktion. Hier entstand aus der ursprünglich rein handwerklichen Herstellung auch sehr schnell eine Käseindustrie. So entwickelte John Kraft bereits zu Beginn des 20. Jahrhunderts den sogenannten »processed cheese«, einen Schmelzkäse, der aus verschiedenen Käsesorten hergestellt und mit Stabilisatoren, Emulgatoren und Geschmacksverstärkern angereichert wird. Dieser »Kunstkäse« ist meist quietschgelb oder orange, ziemlich klebrig und weich – und erfreut sich nicht nur in Amerika großer Beliebtheit. Echte traditionelle Käsesorten haben sich in den USA jedoch nicht entwickelt. Heute gibt es aber vor allem in den Staaten Wisconsin, Kalifornien und Vermont Bestrebungen, von der industriellen zur handwerklichen Käseherstellung zurückzukehren.

Mehr als 30 % der weltweit produzierten Käse, über 4 Millionen Tonnen, werden in den Vereinigten Staaten hergestellt. Und der Bundesstaat Wisconsin ist Amerikas Käseland Nummer eins. Kein Wunder, denn im 19. Jahrhundert zog es viele Einwanderer aus Deutschland und der Schweiz in dieses Gebiet, das damals nahezu menschenleer war und das sie klimatisch und landschaftlich an ihre Heimatländer erinnerte. Mitgebracht aus ihrer Heimat hatten sie auch die traditionellen Rezepturen für Käse, den sie hier unter günstigen Bedingungen herstellen konnten.

So kommen heute mehr als ein Viertel aller in Amerika hergestellten Käse aus Wisconsin, das nicht umsonst auch »America's Dairyland« (Amerikas Molkereiland) heißt und die Einwohner scherzhaft auch schon mal »Cheeseheads« (Käseköpfe) genannt werden. Die beliebtesten Käsesorten in den USA sind übrigens Cheddar und Mozzarella: Von ihnen verzehrt jeder Amerikaner im Durchschnitt etwa 10 Pfund pro Jahr! Im Vergleich zu europäischen Ländern (Griechenland 26 kg, Frankreich 24 kg, Deutschland 22 kg) haben die Amerikaner mit 17 kg Käse im Jahr allerdings trotzdem einen eher niedrigen Pro-Kopf-Verbrauch …

Down Under

Auch in Australien und Neuseeland kamen Kühe erst mit den Europäern ins Land. Von den Engländern wurden sie zunächst als Schlacht- und Melkvieh für den täglichen Milchbedarf gehalten. Erst ab Mitte des 19. Jahrhunderts wurde aus der Milch auch Cheddar hergestellt. Mit der Einwanderungswelle nach Ende des Zweiten Weltkriegs brachten Italiener, Griechen, Malteser, Holländer, Polen und Türken ihre Rezepturen mit. So begann man beispielsweise italienische Käse wie Mozzarella, Provolone und Scarmorza herzustellen. In den letzten 20 Jahren gibt es bei den Farmern auch eine zunehmende Entwicklung, wieder handwerklichen Käse zu produzieren. In Australien ist die Herstellung von Käse aus Rohmilch bislang verboten. Zwar hat Slow-Food Australia bereits 2009 eine Kampagne zur Zulassung von Rohmilchkäse gestartet – bislang wartet man immer noch auf eine neue Regelung.

Unten: Trotz größtmöglicher Vielfalt wird in Frankreich weniger Käse produziert als in Amerika und Deutschland.

Russland

In Russland gibt es eine traditionelle, bereits im Mittelalter bekannte Herstellung von Quarkkäse. 1795 entstand eine erste Käserei in Moskau mit einer zunächst noch sehr geringen Käseproduktion. Die industrialisierte Käseproduktion begann um 1870, als man Käsetechnologien und Rezepte aus Holland und aus der Schweiz einführte. Vor allem Alpkäser, die im Zuge der Industrialisierung ihre Arbeit in den Schweizer Alpen verloren hatten, wanderten nach Russland aus und brachten ihre Erfahrung und ihr Wissen mit. Die Grundrezepturen des Gouda und des Emmentalers spiegeln sich noch in den Käsenamen *Gollandskij* und *Schwejzarskij*. Der beste Schwejzarskij wird auch heute noch im Nordkaukasus hergestellt, da die dortigen klimatischen Bedingungen ähnlich sind wie auf den Schweizer Almen. In der sowjetischen Zeit gab es die beliebten (und preisgünstigen) Schmelzkäse wie *Elitekäse* und *Sowjetskij*. Heute findet man neben einheimischen Käsen wie *Rossijskij* und *Kostromsky* (Schnittkäse aus Kuhmilch) oder dem Schmelzkäse Druschba auch die meisten anderen Käsesorten aus aller Welt.

Asien

In Nepal und Tibet versorgen Yak-Kühe die Menschen mit ihrer Milch, die eine ähnliche Beschaffenheit wie die uns bekannte Schafmilch aufweist. Die Tiere können bei sehr niedrigen Temperaturen in Höhen bis zu 4 000 Metern leben. Die fettreiche Milch wird zu Joghurt, Butter und Käse verarbeitet. Die Yak-Butter wird im Tee getrunken. Aus der Buttermilch erzeugt man in der Himalaya-Gegend einen krümeligen Käse, der getrocknet jahrelang haltbar ist und in kleinen Würfeln als Proviant dient. Er wird zwischen Steinen gepresst und von Wind und Sonne getrocknet. Die Milchprodukte aus der Himalaya-Region sind sehr intensiv im Geschmack und für europäische Gaumen daher eher gewöhnungsbedürftig.

Links: San Pietro ist ein Hartkäse aus Kuhrohmilch, der im Bienenwachsmantel reift.

In Indien wird die Kuh von den Hindus als heiliges Tier verehrt – Urin, Dung und alle Produkte aus Kuhmilch gelten als besonders rein. Und die Rinder werden nicht geschlachtet, sondern bis zu ihrem Lebensende gefüttert. Käse wird in Indien aus Kuh-, aber auch aus Büffelmilch hergestellt. Zum Eindicken wird traditionell Zitronensaft oder Essig verwendet. Zum einen, weil die meisten Inder Vegetarier sind, und zum anderen, weil die Kühe heilig sind und Kälber deshalb auch nicht geschlachtet werden. Hergestellt wird sowohl Frischkäse – der wohl bekannteste ist der *Panir*, eine Art gepresster Ricotta mit tofuähnlicher Konsistenz – und der *Pandal*, ein durch Räuchern haltbar gemachter Käse.

Japan

In Japan sind durch die Küstenlage und die vielen bergigen Regionen nur etwa drei Viertel des Landes landwirtschaftlich und als Siedlungsfläche nutzbar. Zentrum der Milchwirtschaft sind die Regionen Hokkaido, Kanto und Tohoku. Erst ab den 1950er-Jahren nahm die Milchwirtschaft in Japan beträchtlich zu. Begünstigt durch die Hinwendung zum westlichen Lebensstil in den 1960er-Jahren erlebte Käse einen großen Aufschwung und erfreut sich heute steigender Nachfrage.

Die meisten industriellen Käse in Japan werden nach den Rezepturen von Gouda und Cheddar hergestellt, die hauptsächlich zu Schmelzkäse verarbeitet werden. Aber auch andere europäische Käserezepturen wie Camembert, Blue Cheese, Provolone, Robiola und Parmesan – um nur einige zu nennen – werden in Japan hergestellt. Momentan im Trend liegt die japanische Spezialität *Sakeru Cheese* (sakeru = reißen), von dem beim Verzehr Streifen abgerissen werden. In den letzten 30 Jahren wurde auch in Japan wieder mehr Wert auf natürlich gereiften Käse gelegt. So haben sich einige Genossenschaften und Käsereien auch über die Landesgrenzen hinaus einen Namen gemacht – vor allem mit ursprünglich europäischen Rezepturen, die sie zu typisch japanischen Käsen weiterentwickelt haben. So wie der japanische Weichkäse *Sakura*, ein zwei bis drei Wochen auf Blättern der japanischen Bergkirsche gereifter Käse oder der *Sakagura*, der in Sake affiniert wird, um ihm ein besonderes würziges Aroma zu verleihen.

Die Industrie entdeckt den Käse

Revolutionäre Erfindungen und Entdeckungen führten ab Mitte des 19. Jahrhunderts auch in der Käseherstellung zu tief greifenden Veränderungen. Louis Pasteur entdeckte die Bakterien, konnte sie zuordnen, züchten und ausschalten. Weitere wissenschaftliche Methoden, wie die Bestimmung des Säuregrades, folgten. Das erste industrielle Lab wurde gefertigt, Strom wurde eingeführt und Carl Linde entwickelte ein geeignetes Kühlsystem. Transportmittel wie Züge und später Fahrzeuge wurden erfunden und Mr. Riedel kreierte die Spanschachtel für den Transport von Weichkäse. Justus Liebig brachte die ersten Düngemittel auf den Markt. Ein neues Kommunikationswesen förderte die Informationsverbreitung und erleichterte die Abwicklung der Handelsgeschäfte. All dies waren maßgebliche Erfindungen, die dafür sorgten, dass Käse nun gezielt hergestellt, gelagert und transportiert werden konnte. Und die neuen technischen Errungenschaften ermöglichten auch eine Produktion in einem weitaus größeren Ausmaß als jemals zuvor. Mitte des 20. Jahrhunderts war die industrielle Käsefabrikation in Europa so weit entwickelt und verbreitet, dass die Käseherstellung von Hand fast gänzlich zu verschwinden drohte.

Unten: Durch die Industrialisierung drohte die handwerkliche Käseherstellung fast gänzlich zu verschwinden. Doch heute heißt es wieder: zurück zur Natur.

Zurück zur Natur

Käsevereinigungen und Gilden sowie neu geschaffene Gütesiegel mussten von nun an den handwerklich gefertigten Käse und seine unwiederbringlichen Vorzüge schützen. Man führte unter anderem Gütezeichen mit einheitlichen Standards ein: Die Bezeichnung g. U. (geschützter Ursprung) in Deutschland, AOP (Appellation d'Origine Protégée) in Frankreich, der Schweiz, Holland, Belgien und Griechenland, DO (Denominación de Origen) in Spanien und Portugal, DOP (Denominazione d'Origine Protetta) in Italien und PDO (Protected Designation of Origin) in England, Irland, Schottland und Dänemark.

Trägt eine Käsesorte diese Qualitätsbezeichnung, müssen bei der Herstellung alle Auflagen, die in dazugehörigen Pflichtenheften festgehalten sind, streng eingehalten werden. So garantiert das Siegel eine durchgängig traditionelle Herstellungsweise, regelt Tierrasse und Haltung des Viehs, bestimmt den geografischen Herstellungsraum und definiert Qualitätsstandards. Alles wird von einer Kontrollkommission streng überwacht und reguliert, damit eine gleichbleibende Qualität des Produkts auch wirklich garantiert werden kann.

Ein Forum für handwerklich produzierten Käse

2009 haben Susanne und Wolfgang Hofmann das Tölzer Käsefestival als Forum für handwerklich hergestellte Käse ins Leben gerufen. Seitdem gibt es jedes Jahr für Verbraucher, Produzenten und Händler im oberbayerischen Bad Tölz die Möglichkeit, handwerklich hergestellten Käse zu präsentieren, zu kosten und zu kaufen.

Ein Käsemarkt mit Ausstellungen, Verkostungen, Vorträgen, Führungen und einem kulinarischen und kulturellen Rahmenprogramm bietet die Möglichkeit, hochwertige Käsesorten aus Dorfkäserein, Klosterkäsereien, von Bauernhöfen, Schäfern und Sennereien kennenzulernen. Viele der hier angebotenen Käse werden in den Reiferäumen des »Tölzer Kasladens« veredelt. Die Initiative soll vor allem die Milchbauern der Region dazu ermuti-

gen, neue Wege zu gehen und selbst wieder auf den Höfen handwerklich produzierte Käse herzustellen. Deshalb gibt es auch eine enge Zusammenarbeit mit dem Verband für handwerkliche Milchverarbeitung im ökologischen Landbau e. V. (VHM).

Derzeit liegt der Anteil von handwerklichen Betrieben, also Hofkäsereien, Dorfkäsereien, Alpsennereien und mobilen Käsereien an der Milchverarbeitung in Deutschland nur bei etwa ein bis zwei Prozent. Allerdings gibt es in Deutschland mittlerweile wieder etwa 1 000 Hofkäsereien und in ganz Europa bereits über 30 000 – Tendenz steigend!

Unten: Bislang werden in Deutschland erst ein bis zwei Prozent der produzierten Milch in handwerklichen Betrieben zu Käse verarbeitet – Tendenz steigend!

DIE MILCH

»Es ist gleichviel, wie die Kuh heißt,
wenn sie nur gute Milch gibt.«

Sprichwort

Die Milchproduzenten: Kühe, Schafe und Ziegen

Grundvoraussetzung für jede Käseproduktion, ganz besonders aber für die handwerkliche, ist eine qualitativ hochwertige Milch – in Europa von Kühen, Büffelkühen, Schafen und Ziegen. Damit diese Tiere auch eine für die traditionelle, handwerkliche Käseherstellung »optimale« Milch produzieren können, müssen bestimmte Bedingungen erfüllt sein:

• Ursprüngliche, für die jeweilige Landschaft und das Klima geeignete, nicht hochgezüchtete Tierrassen
• Eine traditionelle Tierhaltung, am besten auf der Weide. Wenn eine Kuh Gras frisst, reißt sie es mit der Zunge aus. Das hat zwei Vorteile: Zum einen werden so Bodenwurzeln entfernt und es gibt mehr Platz für Kräuter – zum anderen nehmen die Tier mit den Wurzeln auch Erde auf, die wichtige Mineralien enthält und die Milch »gut« macht

Unten: Die Milch von Kühen, die traditionell auf der Weide gehalten werden, enthält mehr Mineralien.

• Als Futter (außer frischem Gras) Heu, gekeimtes Getreide, Ölsaaten, Kartoffeln und Rüben. Je mehr Klee und Kräuter in Gras und Heu enthalten sind, desto hochwertiger wird die Milch, da die für die Käseherstellung wichtigsten Bakterien – Milchsäurebakterien, Rotschmierbakterien und Propionsäurebakterien – über das Futter in die Milch gelangen und verantwortlich sind für die spätere Gärung und Aromabildung

»Aus ›weißem Gold‹ wird duftender Käse!«

Nicht geeignet sind:
• hochgezüchtete Rinderrassen: Sie geben zwar mehr Milch, aber die Milch hat einen veränderten Eiweiß- und Fettaufbau, ist qualitativ schlechter und zum Verkäsen weniger geeignet
• Massentierhaltung in industrialisierten Ställen: Hier können sich die Tiere nicht bewegen und hängen an Melkrobotern – mit der Folge, dass die Milch keine hochwertigen Fette enthält
• Fütterung von Silage und industriell hergestelltem Mastfutter: Silofütterung hat nämlich zur Folge, dass bei der späteren Verkä-

sung der Milch immer aufwändigere Verfahren wie Baktofugierung und Käsereihilfsstoffe eingesetzt werden müssen, um die aus der Silage stammenden Bakterien und Pilzsporen in der Milch zu entfernen

Sojamehl ist zum klassischen Kraftfutter für die Viehzucht in Europa geworden. Angebaut wird Soja vor allem in Südamerika, in der Regel GM-Soja, also gentechnisch manipulierte Ware. Weil es hier als Direktsaat, also ohne Bodenbearbeitung, ausgebracht wird, muss das Unkraut verstärkt bekämpft werden – und zwar mit chemischen Pflanzengiften, die mit dem Tierfutter auch in unsere Nahrung gelangen können. Importierte Lebensmittel müssen, wenn sie mehr als 0,9 % genmanipuliertes Material enthalten, gekennzeichnet sein. Ausnahmen: Milchprodukte und Fleisch. Und die Tierfütterung mit genmanipuliertem Soja muss auch nirgendwo nachgewiesen oder gekennzeichnet werden!

Glückliche Kühe…

… haben Hörner, leben die meiste Zeit auf der Weide (und nicht nur in ausreichend großen Laufställen), leben in Gemeinschaften mit wenig Fluktuation, haben sowohl artgerechten Kontakt untereinander als auch mit den sie betreuenden Menschen und bekommen am besten frisches Gras und Heu! Rinder, die als Fleischlieferanten Weidegras statt Getreide bekommen, verursachen 40 % weniger CO_2-Emissionen.

»Zu meinen ›Lieblings-Milchkühen‹ gehören alte Rassen wie die Pinzgauer, das Grauvieh, das Gelbvieh und ganz besonders die Murnau-Werdenfelser-Rinder aus Bayern.«

Bis zum Beginn des 20. Jahrhunderts war diese Rasse als »Dreinutzungsrind« – Arbeitstier, Milch- und Fleischlieferant – äußerst beliebt. Durch den Einsatz von Maschinen in der Landwirtschaft wurden Rinder verstärkt auf Hochleistung gezüchtet und diese Tiere gerieten immer mehr ins Hintertreffen – bis sie kurz vor dem Aussterben waren und die Gesellschaft zur Erhaltung alter und gefährdeter Haustierrassen (GEH) Maßnahmen einleitete, um diese alte Rasse zu schützen. So wurde das Murnau-Werdenfelser-Rind zur »Gefährdeten Nutztierrasse 2007« erklärt. Dabei ist gerade die Milch dieser langlebigen und fruchtbaren

Unten: Murnau-Werdenfelser sind eine alte Rasse – und waschechte bayerische »Rindviecher«.

Tiere besonders gut für die Käseherstellung geeignet, weil sie über viele unterschiedliche Proteine verfügt und somit ideal ist für die traditionelle und handwerkliche Käseproduktion in Hofkäsereien!

Wichtig sind auch die Laktationszeiten, also die Zeiten, in denen die Tiere Milch geben. Kuhherden werden so aufgeteilt, dass sie das ganze Jahr über verteilt kalben (das Gleiche gilt für Büffelkühe). Dadurch gibt es immer ausreichend Milch zur Käseherstellung.

Unten: Winter im Sommer und Sommer im Winter: Durch die »Lichtmethode« kann man die Laktationszeiten bei Ziegen und Schafen beeinflussen.

Die Laktationszeit bei Ziegen geht normalerweise von März bis November – da die Nachfrage nach Ziegenkäse in den letzten Jahrzehnten aber deutlich zugenommen hat, wurden verschiedene Versuche unternommen, die natürliche Laktationszeit zu verlängern. Bisher am erfolgreichsten ist die Lichtmethode: Hierbei wird der Stall im Sommer bereits am Nachmittag abgedunkelt, um Winter zu simulieren und im Winter brennt länger Licht, um die Tiere im Sommer zu wähnen.

Bei Schafen, die sogar eine noch kürzere Laktationszeit von Februar bis Anfang Juni haben, wird die Lichtmethode wesentlich seltener eingesetzt. Grund dafür ist die bei der Schafkäseproduktion erhaltene Tradition mit fest produzierten Käsesorten, die dann je nach Jahreszeit eben frischer oder gereifter konsumiert werden.

Nach dem Melken: vom Bauernhof zur Industrie-Molkerei

Noch leben wir in einem naturverbundenen Zeitalter, in dem die meisten Menschen beim Thema »Melken« den »Alm-Öhi« vor Augen haben. Kaum einer sieht das Bild von den geschlossenen Melksystemen vor sich – obwohl wir fast alle nur noch die Milch in Tütenform und mit standardisiertem Fettgehalt kennen! Jede Milch, egal von welchem Tier, enthält eine bakterizide Substanz, die sie in den ersten Stunden nach der Gewinnung schützt. Diese Tatsache ermöglicht überhaupt erst die Herstellung von Rohmilchkäse, denn so kann die Milch auch ohne Tiefkühlung zweimal täglich zur Käserei gebracht werden und die völlig unbehandelte Milchflora kann dem Käse seinen besonderen, individuellen Geschmack verleihen. Wird die Milch dagegen von den Bauernhöfen in oft weit entlegene Molkereien gebracht, muss sie vorher tiefgekühlt werden. Diese Kühlung verhindert zwar das Sauerwerden der Milch, macht sie aber auch anfällig für krankheitserregende sowie fett- und eiweißspaltende Bakterien. Um die gekühlte Milch also wieder keimfrei zu bekommen, muss sie vor der Weiterverarbeitung unterschiedlich behandelt werden, zum Beispiel durch Pasteurisierung.

Heute fordert der Markt außerdem zunehmend eine sehr lange biologische Haltbarkeit der Milch. Deshalb entwickelt die Industrie immer aufwendigere Entkeimungsverfahren. Denn die vielfältigen bislang eingesetzten Erhitzungsverfahren bedürfen nicht nur technisch und energetisch einen hohen Aufwand: Sie haben auch einen nachweisbar negativen Einfluss auf die wertvollen Inhaltsstoffe der Milch – ein Grund auch für die industriellen Molkereien, nach Alternativen zu suchen, von der sogenannten Kaltpasteurisierung zur UV- und radioaktiven Bestrahlung. Natürlich haben diese Verfahren Auswirkungen auf die ursprüngliche Zusammensetzung der Milch. So können sich zum Beispiel geruchs- und geschmacksintensive Spalt- und Reaktionsprodukte bilden, die auch dazu führen, dass bei der Käseverarbeitung wesentlich größere Mengen an Lab zugesetzt werden müssen.

Von Rohmilch bis H-Milch

Rohmilch – auch als »Rohmilch ab Hof« bezeichnet, darf in Deutschland nur vom Hof des Erzeugers verkauft werden; ist unbehandelt und unverpackt, enthält alle Vitamine, schmeckt angenehm aromatisch, hat einen Fettgehalt von 3,5 bis 5 %, muss zügig und besonders hygienisch verarbeitet werden (maximal zwei Melkzeiten), kann aber, weil unbehandelt, unerwünschte Bakterien enthalten.

Vorzugsmilch – Rohmilch, die aber verpackt im Handel angeboten wird; darf nur in speziell zertifizierten Betrieben produziert werden, schmeckt wie Rohmilch, unterliegt strengen Kontrollen, sollte spätestens 96 Stunden nach dem Melken getrunken werden.

Pasteurisierte Milch – ist schonend wärmebehandelt, hat meist einen Fettgehalt von 3,5 %, wird verpackt im Handel angeboten, geringe Verkeimung, aber auch verringerter Vitamin- und Nährstoffgehalt, im Geschmack weniger intensiv als Rohmilch, Eiweißzerstörung durch die Wärmebehandlung kann bei der Käseherstellung zu Labträgheit führen und erfordert deshalb den Zusatz von Kalziumchlorid (auch »Käsereisalz« genannt).

ESL-Milch – länger haltbare Milch (Extended Shelf Life) – Wärmebehandlung mit höheren Temperaturen als pasteurisierte Milch, noch geringere Verkeimung, noch weniger intensiv im Geschmack, Eiweißzerstörung und deshalb Labträgheit und Zugabe von Kalziumchlorid für die Verkäsung wie bei pasteurisierter Milch.

H-Milch – ultrahocherhitzt und homogenisiert, Geschmack erinnert an gekochte Milch, Eiweiß- und Vitamingehalt stark beeinträchtigt, muss für die Käseherstellung angeimpft werden und Kalziumchlorid muss zugegeben werden; Käse aus H-Milch kann leicht ranzig werden.

Rohmilchkäse: Ende und Wiederkehr

Als »Rohmilchkäse« bezeichnet man Käse aus Milch, die zu Beginn des Käseprozesses nicht über 40 Grad erhitzt wird. Die Milch kann von verschiedenen Tieren stammen (Kühen, Büffelkühen, Schafen und Ziegen), die Herstellung erfolgt häufig nach traditionellen, überlieferten Rezepten. Rohmilchkäse sind meist Erzeugnisse geschützten Ursprungs – »g. U.« – das heißt, sie unterliegen besonderen Anforderungen, die in einem Pflichtenheft definiert sind und von einer Kontrollkommission streng überwacht werden.

Bis Mitte des 19. Jahrhundert wurde die Milch nur auf Bauernhöfen zum Eigenverbrauch verwendet. In den Städten war der Konsum von frischer Milch und Milchprodukten nur sehr beschränkt möglich. Der zunehmende Preisverfall beim Getreide und die Ent-

Unten: Beste Milch von glücklichen Kühen: Das ist für Susanne Hofmann die Grundlage für guten Käse.

wicklung der Kühl- und Transportmittel beschleunigten ab 1870 die Kommerzialisierung von Milch und Milchprodukten. Anfang des 20. Jahrhunderts gab es die ersten Herstellerverbände für Molkereien und Käsereien. Die Industrialisierung und das steigende wirtschaftliche Interesse großer Produzenten entwickelten sich so rasant, dass neue Probleme wie die Lebensmittelverfälschung und die Seuchengefahr entstanden. So wurden im damaligen Deutschen Reich zum ersten Mal staatliche Gesundheitsämter eingerichtet und verbindliche veterinärmedizinische Auflagen festgeschrieben. Man beschloss ganz pragmatisch, vorübergehend die Milch zu pasteurisieren, bis alle bäuerlichen Milchbetriebe hygienisch auf einem gesundheitlich unbedenklichen Standard waren.

Vor allem die Ställe, in denen die Tiere gehalten wurden, hatten oft große Bau- und Hygienemängel – dort konnte kein gesundheitlich einwandfreier Tierbestand garantiert werden. Nach Beseitigung aller Mängel, so der Plan, sollte dann wieder zur Rohmilch übergegangen werden. Doch die Großmolkereien, die sich bis dahin bereits entwickelt hatten, waren an einer Rückkehr zur Rohmilchproduktion nicht interessiert. Sie beschäftigten Bakteriologen und Milchwissenschaftler, die unaufhörlich das Bild von der schlechten, schmutzigen, minderwertigen Bauernmilch und der guten, sterilen und gesunden Molkereimilch verbreiteten. Die Einflussnahme der Interessenvertreter der Großmolkereien auf das Reichsmilchgesetz von 1930 war somit unübersehbar …

Die »praktische« Milch

Bis Ende der 1950er-Jahre durften Bauern in Deutschland über ein Drittel der von ihnen erzeugten Milch selbst verfügen und sie als Trinkmilch, Quark oder Butter ab Hof verkaufen. Ende der 1960er-Jahre kam es (wohl nicht zuletzt durch den Einfluss der Großmolkereien) zu einer erheblichen Verschärfung der baulichen Vorschriften für Hofkäsereien und kleine Milchbetriebe. Viele konnten aus wirtschaftlichen Gründen die Auflagen nicht erfüllen und mussten schließen – zumal ihnen als zusätzlicher Anreiz Stilllegungsgelder angeboten wurden. Von etwa 3 000 milchverarbeitenden Betrieben in den 1960er-Jahren sank die Zahl bis in die 1980er-Jahre auf gerade mal etwa 600 kleine Herstellungsstätten.

Die Trennung von Milchproduktionsstätte und -verarbeitungsbetrieb wurde stark gefördert und stellte die Milchwirtschaft vor neue Herausforderungen. Denn es musste ein Weg gefunden werden, um die Milchkeimzahlen zu reduzieren und die Haltbarkeit zu verbessern. So wurde Anfang der 1960er-Jahre die erste H-Milch produziert und 1968 zugelassen. Während der 1970er-Jahre entstanden auch die ersten Discounter und die H-Milch – transportierbar, stapelbar, wochenlang ohne Kühlung haltbar und somit planbar – trat ihren Siegeszug an. Zur Herstellung von H-Milch wird der Milch auf 150 Grad erhitzter Wasserdampf injiziert, gleichzeitig wird sie entgast. Das entzogene Milchfett wird homogenisiert, das heißt, die Milch wird unter sehr hohem Druck gegen Metallplatten oder durch einen Spalt gepresst, sodass die Fettkügelchen zertrümmert werden. Dabei wird der Durchmesser der Kügelchen verkleinert und ihre Anzahl erhöht.

*»Die Verarbeitung von Rohmilch
ist die hohe Kunst des Käsehandwerks!«*

Jedes Kügelchen umschließt eine Membran, die aus einem besonderen Enzym besteht. Wissenschaftler haben nachgewiesen, dass dieses Enzym von der Außenseite durch den Homogenisierungsprozess auf die Innenseite des zerkleinerten Partikels gedrängt wird. Ein derart geschütztes Eiweiß kann weder im Magen aufgelöst noch im Darm verdaut werden. Große Fettkügelchen, wie sie in unbehandelter Milch vorkommen, können die Darmwände nicht leicht durchqueren. Die zerkleinerten Fettkügelchen, die jetzt zehnmal kleiner sind, können nun leicht die Darmwände durchqueren und so direkt in den Blutkreislauf zu den Gefäßwänden und in die Herzmuskulatur gelangen. Dort können sie zu Arteriosklerose und Herzrhythmusstörungen führen.

Ebenfalls wissenschaftlich nachgewiesen wurde, dass im Organismus so Antikörper gegen das Enzym und gegen Milchprotein gebildet werden. Inzwischen beträgt der H-Milch-Anteil auf dem Markt ca. 70 % – obwohl H-Milch im Vergleich zu »richtiger« Milch bei Tests als weniger gut im Geschmack beurteilt wird. Zudem hält eine geöffnete H-Milch-Packung nicht länger als pasteurisierte Vollmilch. Bei längerem Aufbewahren im Kühlschrank können sich sogar unerwünschte Bakterien wie die Kälte liebenden *Yersinien*

enterocolitica ungehindert vermehren, da der H-Milch der Schutz der Milchsäurebakterien fehlt. Die krank machenden Bakterien kann man nicht riechen oder schmecken und sie verursachen in Spätfolge unter anderem Morbus Crohn-ähnliche Darmprobleme.

Mit Gründung der EU 1992 kam es zu einer Modifizierung in der Milchwirtschaftspolitik. Neben der weiteren Förderung der Industrialisierung im milchwirtschaftlichen Bereich wurde auch die Herstellung von Weichkäse aus Rohmilch wieder erlaubt und eingeführt und die handwerkliche Milchverarbeitung EU-rechtlich geregelt. Zu dieser Zeit wurde auch der Verband für handwerkliche Milchverarbeitung im ökologischen Landbau e. V. von rund 60 Hofkäserinnen und Hofkäsern gegründet. Durch die neue Rechtslage entstanden neue handwerklich arbeitende Milchbetriebe – inzwischen sind es in Deutschland wieder mehr als 1 000!

Unten: Neue EU-Richtlinien erlauben seit Anfang der 90er-Jahre wieder die Herstellung von Weichkäse aus Rohmilch.

Die Inhaltsstoffe: das steckt in der Milch

Milchfett in Form von Käse, besonders Schaf- und Ziegenkäse, ist das gesündeste und das leichtverdaulichste. Um die genaue absolute Fettmenge zu ermitteln, die man mit Käse zu sich nimmt, multipliziert man die Fettangabe in der Trockenmasse (Fett i. Tr.) mit:

- 0,7 für Hartkäse
- 0,5 für Weichkäse
- 0,3 für Frischkäse

Fett ist Energielieferant, Geschmacksträger, löst fettlösliche Vitamine und liefert essenzielle Fettsäuren. Der chemische Aufbau besteht aus Fettsäuren, die an Glycerin, einen dreiwertigen Alkohol, gebunden sind. Die Fettsäuren können kurz-, mittel- oder langkettig sein. Eine weitere Unterscheidung ist die in gesättigte (tierisches Fett), einfach (Nüsse, Samen und Pflanzenöle) und mehrfach (Fisch, Milchprodukte und Pflanzenölen) ungesättigte Fettsäuren. Die mehrfach ungesättigten Fettsäuren (mit zwei oder mehreren Doppelbindungen) sind für den menschlichen Körper teilweise essenziell, das heißt, sie können vom Körper selbst nicht hergestellt werden. Zu den mehrfach ungesättigten Fettsäuren gehören auch die Omega-Fettsäuren. Sie haben Blut verdünnende Wirkung und senken das Risiko von Herz-Kreislauf-Erkrankungen. Fettreiche Meeresfische enthalten viele Omega-Fettsäuren – ebenso wie Käse! 500 Gramm Käse decken zum Beispiel den Tagesbedarf eines Erwachsenen an Omega-3-Fettsäure. Und konjugierte Linolsäure, die den Körperfettanteil zugunsten von Muskelmasse senkt, kommt nur in Milch und Fleisch von Wiederkäuern vor, da sie ausschließlich von der Pansenflora gebildet wird. Je natürlicher ein Milchtier gehalten wird, desto hochwertiger ist der Anteil an wertvollen Fetten in der Milch.

Cholesterin ist ein in allen Säugetieren vorkommendes lebenswichtiges Lipid. Beim Menschen wird Cholesterin zum Großteil (90 %) im Körper selbst hergestellt (1 bis 2 Gramm pro Tag) und nur zu einem kleinen Teil mit der Nahrung aufgenommen. Im Körper befinden sich ca. 140 g Cholesterin, hauptsächlich in den Zellen, beziehungsweise als Bestandteil der Zellmembranen. Der Transport im Blut erfolgt nach Bindung an Lipoproteine (Proteine, die Fett binden können). Das Gleichgewicht zwischen benötigtem, selbst produziertem und über die Nahrung aufgenommenem Cholesterin wird über vielfältige Mechanismen geregelt. Herz-Kreislauf-Erkrankungen sind mit dem steigenden Lebensstandard im 20. und 21. Jahrhundert in den westlichen Industrienationen die häufigste Todesursache.

Der ursächliche Zusammenhang mit der durch die Nahrung aufgenommenen Menge an Cholesterin wird aber mehr und mehr hinterfragt. Zumindest zusätzlich sind Lebensalter, Geschlecht, positive Familienanamnese (d. h. Auftreten von Herzinfarkt in der näheren Verwandtschaft), Rauchen, Diabetes mellitus, Bluthochdruck, Übergewicht und Bewegungsmangel dafür verantwortlich. Milch enthält ca. 11 mg Cholesterin pro 100 Gramm. Milch und Milchprodukte (insbesondere von Schafen, Ziegen sowie von Kühen aus Freilandhaltung und Alpwirtschaft) tragen nicht in einem entscheidenden Ausmaß zur Cholesterinaufnahme bei, da sie einen höheren Anteil an einfach und mehrfach ungesättigten Fettsäuren aufweisen. Mehrfach ungesättigte Fettsäuren haben sogar eine senkende Wirkung auf den Cholesterinspiegel.

Käse macht gesund

Es gibt eine Pilotstudie, in der nachgewiesen wird, dass der tägliche Genuss von 30 Gramm Parmigiano Reggiano, einem halbfetten Extra-Hartkäse aus der italienischen Po-Ebene, nachweislich einen blutdrucksenkenden Effekt hat. Wichtig ist hier ein langsam und natürlich ausgereifter Käse. Er enthält die höchste Konzentration von Tripeptiden, die im Zuge des Fermentationsprozesses durch *Lactobacillus helveticus* anfallen und offenbar diesen gesundheitsfördernden Einfluss auf den menschlichen Blutdruck haben!

Wichtige im Käse enthaltene Mineralstoffe sind:

• **Kalzium,** das der menschliche Körper für Aufbau und Erhalt von Zähnen und Knochen (und gegen Osteoporose) braucht, das für Muskelkontraktionen und Nervenzellerregungen benötigt wird und an Stoffwechselvorgängen wie Fettverbrennung und Glukoseaufnahme beteiligt ist. Bereits 100 g Hartkäse enthalten 1 g Kalzium – das entspricht dem Tagesbedarf eines Erwachsenen.

• **Phosphat,** das ebenfalls wichtig ist für den Knochen- und Zahnaufbau und für den Aufbau von Energiespeichern im Körper; 100 g Hartkäse enthalten 1 g Phosphat – dieser Wert übersteigt bereits den Tagesbedarf von 0,7 g.

• **Zink,** das wichtig ist für die Aktivität von Enzymen und für das Immunsystem; hier decken 100 g Hartkäse etwa 25 % des Tagesbedarfs.

In Milchprodukten finden sich außerdem die wasserlöslichen Vitamine:

• B_2, wichtig für den Energiestoffwechsel und für Wachstum und Zustand von Haut, Haaren und Nägeln.

• B_{12}, eine Vorstufe der Folsäure, die ausschließlich in tierischen Lebensmitteln vorkommt und an der Blutbildung, der Zellteilung und der Funktion von Nervenzellen beteiligt ist.

Außerdem die fettlöslichen Vitamine:

• A, das unter anderem wichtig ist für die Funktion der Sehzellen.

• D, das den Phosphat- und Kalziumstoffwechsel (Zahn- und Knochenbildung) reguliert.

Grundbausteine des Eiweißes sind etwa 20 Aminosäuren, acht davon können vom menschlichen Körper nicht selbst gebildet werden, sondern müssen mit der Nahrung aufgenommen werden. Durch Bildung von Aminosäureketten verschiedener Zusammensetzung und Reihenfolge entstehen die unterschiedlichen Eiweiße. Die Ketten können sich zu Kugeln zusammenlagern. Käse enthält auch alle essenziellen Aminosäuren, die der Körper nicht selbst bilden kann. Die leichte Verdaulichkeit beruht darauf, dass ein Teil des Proteins durch eine mikrobielle Tätigkeit (die Käsereifung) in Peptide und Aminosäuren aufgeschlossen wird. Aus der Spaltung der Proteine, die dadurch leichter verdaulich werden, gehen auch sogenannte bioaktive Peptide hervor. Das sind kurzkettige Proteine, die nur aus wenigen Aminosäuren bestehen. Ihnen werden zahlreiche positive Eigenschaften wie eine entzündungshemmende, cholesterinsenkende, immunmodulierende und blutdrucksenkende Wirkung zugeschrieben. Aus einem Gramm Casein (Proteinanteil im Käse) entstehen zwischen 10 und 60 Milligramm bioaktive Peptide!

Unten: Milchfett von Schaf- und Ziegenkäse ist besonders gesund und leicht verdaulich.

Allergien: wenn man Milch nicht verträgt

Die in der Milch enthaltenen Eiweiße können eine Kuhmilch-Eiweiß-Allergie mit Symptomen wie Durchfall, Ekzemen, Juckreiz oder Nesselsucht verursachen. Problematisch sind Milch, Molke oder Käse sowie alle Lebensmittel, die Bestandteile der Milch enthalten. Eine Möglichkeit wäre es, all diese Produkte zu meiden – was aber unter Umständen zu einer Kalzium-Unterversorgung führen kann. Studien, die sich mit dem Allergierisiko von Milch befassen, sind aber kaum vorhanden. Man weiß aber, dass Milch von Ziegen, Schafen und Büffelkühen, die nur einen geringen as1-Proteingehalt hat, von Menschen, die auf das as1-Protein der Kuhmilch allergisch reagieren, gut vertragen werden kann.

Die heilende Wirkung von Ziegen- und Schafmilch ist seit Jahrhunderten bekannt – schlecht gedeihende Kinder und Magenkranke wurden von alters her mit dieser Milch kuriert. Sie ist nämlich viel leichter verdaulich. Grund dafür ist eben der geringe as1-Casein-Gehalt in Ziegen- und Schafmilch. Dadurch fällt diese Milch nicht wie die Kuhmilch in großen, sondern in kleinen, weichen Flocken aus, die im Darm offenbar wesentlich leichter verarbeitet werden können. Wissenschaftliche Beweise für diese Theorie gibt es allerdings noch nicht. Fest steht aber, dass von allen bekannten tierischen Eiweißarten das Milcheiweiß in Form von Käse, insbesondere von Schaf- und Ziegenkäse, am leichtesten zu verdauen ist.

Milch enthält hauptsächlich Milchzucker (Laktose). Bei der Käseherstellung wird der Milchzucker von den Mikroorganismen nahezu vollständig verwertet, sodass im Käse praktisch keine Kohlehydrate mehr vorhanden sind. Daraus entsteht im Käse die Milchsäure (zwischen ca. 1,5 und 13 g/kg Käse). Diese Milchsäure fördert die Verdauung der Proteine, schützt die Schleimhäute und fördert die Aufnahme von Salzen wie Eisen und Kalzium.

Im Zusammenhang mit der Laktose ist die Laktoseintoleranz (Milchzuckerunverträglichkeit) zu nennen als Folge eines Mangels an den Enzymen Laktase beziehungsweise Galaktokinase. Die Laktoseintoleranz kann entweder erblich gedingt sein, das heißt, es wird von Geburt an keine Laktase gebildet. Oder sie kann erworben sein, das heißt nach der Entwöhnung von Milchprodukten oder vorübergehend nach einem schweren Infekt. Als Folge dieser Laktoseintoleranz gelangen nach dem Konsum von Milch und Milchprodukten größere Mengen Milchzucker, die eigentlich im Dünndarm verarbeitet werden sollten, in den Dickdarm und werden dort von der Darmflora als Nährstoff fermentiert. In der Folge kommt es zu Völlegefühl, Blähungen, krampfartigen Bauchschmerzen und häufig auch zu Durchfällen. Um einem möglichen Kalziummangel vorzubeugen, muss nicht unbedingt auf Käse verzichtet werden – man kann nämlich Käse auswählen, die eine besonders lange Reifezeit von 12 bis 36 Monate durchlaufen haben, in der sie die Laktose vollständig abgebaut haben.

Histaminunverträglichkeit wird durch eine eingeschränkte Funktion der abbauenden Enzyme von Histamin hervorgerufen. Die gesundheitlichen Folgen sind Verdauungsbeschwerden mit Krämpfen und Blähungen sowie Ausschläge, Juckreiz und Kopfschmerzen. Käse ist wegen seines Histamingehalts neben alkoholischen Getränken der häufigste Auslöser von Beschwerden bei Personen mit Histaminintoleranz. Herstellungs- und lagerungsbedingt kann der Histamingehalt selbst innerhalb ein und derselben Käsesorte stark schwanken. Histamin findet sich in Lebensmitteln, die während ihrer Verarbeitung, Reifung und Lagerung mikrobiellen und biochemischen Veränderungen unterliegen (Käse mit mehrwöchiger Reifezeit wie Hartkäse). Damit gehören bestimmte Käsesorten nach Rotwein zu den Lebensmitteln, die den höchsten Gehalt an Histamin haben. Dies gilt auch für alle vollreifen Weichkäse. Nur gering histaminbelastet sind Käse mit wenig Reifung. Um die Histaminbelastung zur reduzieren, sollte man:

- Käse so frisch wie möglich verzehren,
- Weichkäse und Käse mit gepresstem Teig anstelle von Hartkäse kaufen und
- Käserinden immer großzügig abschneiden, da sich der höchste Gehalt an biogenen Aminen im Bereich der Rinde befindet.

Ziegen- und Schafmilch wird eine heilende Wirkung zugesprochen. Sie ist außerdem besonders verträglich.

»Käseherstellung ist Liebe
und gewusst wie …«

Käse herstellen

Damit aus Milch Käse wird, müssen die in ihr vorhandenen festen Bestandteile (Milcheiweiß, Milchfett, Milchzucker und Mineralstoffe) von den flüssigen getrennt werden. Das Milcheiweiß setzt sich aus drei Eiweißkörpern zusammen: Casein, Albumin, Globulin. Durchschnittlich liegt der Anteil des Caseins, das für die Käseherstellung am wichtigsten ist, bei ca. 3 %, der Anteil des Albumins bei ca. 0,6 % und der des Globulins bei ca. 0,03 %. Man erhält aus einem Liter Milch etwa 60 bis 120 g Käse.

Die wichtigsten Schritte der Käseherstellung im Überblick

- Milch dicklegen (mit Milchsäure, Lab oder Labaustauschstoffen) > Eiweiß ausfällen
- Bruch schneiden / rühren / erwärmen / abfüllen / in Formen geben / in der Form pressen > Wasseraustritt fördern
- Salzen (eindrücken in die Oberfläche, Bruch salzen, Salzbad) > Rinden- und Aromabildung fördern

Unten: **Die ersten Schritte bei der Käseherstellung: Milch erwärmen und die notwendigen Kulturen zugeben und wirken lassen.**

Das Ausfällen

Bei der Käseherstellung sind zwei verschiedene Verfahren zu unterscheiden: Zum einen das »Ausfällen« des Caseins mittels Milchsäure und zum anderen mit Lab, einem Enzym. Stellt man die Milch warm (ca. 20 Grad), so bilden die in ihr enthaltenen oder zugesetzten Milchsäurebakterien aus Milchzucker die Milchsäure, die zur Gerinnung der Milch führt. Dabei verbindet sich das Calcium mit der Milchsäure zu Calciumlaktat und verbleibt in der Molke – die Milch gerinnt innerhalb eines Tages. Durch Abtropfen der Molke erhält man Frischkäse oder Quark, der jetzt bereits verzehrfertig ist – oder man stellt Sauermilchkäse her. Für die Herstellung anderer Käsesorten ist der Bruch so zu molkedurchlässig und enthält zu viel Säure. Die gebräuchlichste Methode des Ausfällens, also der Milchgerinnung, ist die Zugabe von Lab.

Lab und Labaustauschstoffe

Tierisches Lab wird im Labmagen von Kälbern oder anderen Säugetieren produziert. Es handelt sich um eine Enzymmischung, die

eben genau die Gerinnung der Milch, das heißt die Aufspaltung in feste und flüssige Bestandteile bewirkt und somit die getrunkene Muttermilch für das Jungtier leichter verdaulich macht. Für die Käseherstellung kann man fertiges Lab als Tabletten, Pulver, Paste oder Flüssigkeit kaufen.

Mikrobielles Lab wird aus bestimmten Schimmelpilzen hergestellt, die eine Enzymmischung bilden können, die Milch gerinnen lässt. Dieses oft fälschlicherweise als pflanzlich bezeichnete Lab wird bei Käse eingesetzt, der auch für Vegetarier geeignet ist.

Gentechnisch erzeugtes Lab wird aus Schimmelpilzen gewonnen, denen man aus Kälbermägen entnommene Gene eingepflanzt hat; mit Gen-Lab erzeugter Käse muss nicht speziell gekennzeichnet werden!

Pflanzliches Lab ist in Deutschland nicht mehr zugelassen – im Mittelmeerraum wird das aus Pflanzensaft (zum Beispiel von Feigen, Distelblüten oder bestimmten Artischockenarten) hergestellte Lab allerdings nach wie vor zur Käseherstellung verwendet und die Käse werden auch europaweit angeboten.

Bei der Herstellung bestimmter Käsesorten – zum Beispiel Munster, Camembert oder Roquefort – werden vor dem Lab noch Schimmel-, Hefe- oder Rotschmierekulturen zugegeben (die man als Standardkulturen kaufen kann, wenn man keine Produktschwankungen haben möchte). Käsereien, die regelmäßig produzieren, züchten allerdings meist ihre eigenen Kulturen.

Bereits beim Einlaben, also der Zugabe von Lab zur Milch, wird über die Konsistenz des Käses entschieden: Je größer die Labmenge und je höher die Temperatur, desto fester wird der Käse. Anhand der Gerinnung kann die erste Qualitätsstufe festgelegt werden. Eine der schwierigsten Aufgaben für den Käser ist die Beurteilung des Bruches. Ein falscher Zeitpunkt der Bearbeitung kann große Qualitätseinbußen mit sich bringen. Die erste Prüfung erfolgt optisch: Schwimmt die Gallerte (also der Bruch beziehungsweise die festen Bestandteile der Milch) über oder unter der Molke, hat sie Risse oder ist sie elastisch, löst sie sich vom Kesselrand oder ist sie noch mit ihm verbunden? Dann kommt der Fingertest, um die Konsistenz zu überprüfen: Man legt den Finger etwas unterhalb der Gallerte an, hebt die Masse nach oben, um anhand der Bruchstelle die Qualität und Festigkeit beurteilen zu können. So sollte die Bruchstelle bei den meisten Labkäsen einen glatten, fast schnittartigen Riss zeigen, aus dem sichtlich die Molke austritt.

Unten: Durch unterschiedliche Herstellungs- und Reifeverfahren entstehen verschiedene Käsesorten: rechts der Mimolette.

Der Bruch

Die anschließende Bearbeitung des Bruches richtet sich nach der später gewünschten Konsistenz des Käses: Je fester der Käse werden soll, desto intensiver wird der Bruch geschnitten und gerührt – je weicher, desto weniger wird der Bruch bearbeitet. Bei einigen Weichkäsen wird der Bruch sogar ohne Bearbeitung in die Form geschöpft. Bei Käse mit intensiv bearbeitetem Bruch schließt sich ein Nachwärmen an. Das Bruchkorn wird in der Molke auf ca. 50 Grad erwärmt, um dem Korn weitere Flüssigkeit zu entziehen.

Unten: **Auch die Bearbeitung des Bruchs, also der dickgelegten Milch, bestimmt die spätere Konsistenz des Käses.**

Das feste Bruchkorn wird nun in Formen abgefüllt. Käse mit erwünschter fester Teigbeschaffenheit werden in der Form gepresst, um ihnen noch mehr Molke zu entziehen. Weichkäse hingegen lässt man in der Form ohne Pressung abtropfen.

Es gibt noch eine weitere Behandlungsmöglichkeit des ausgerührten Bruchkorns: Man lässt es einfach zu Boden sinken und zu einem Bruchkuchen zusammenwachsen. Dann wird ein Teil der Molke abgezogen, die abgezogene Molke wird erwärmt und wieder auf den Bruchkuchen gegossen. Nun erfolgt eine Art Reifung, bevor der Bruchkuchen in kleine Stücke geschnitten wird. Zu den so hergestellten Käsen gehören die Cantalais (zum Beispiel der Cheddar, bei denen die Bruchschnitzel gut eingesalzen und in Formen gepresst werden) und die Filata-Käse (von filare – spinnen, ziehen), bei denen die Bruchschnitzel erst mit 60 bis 95 Grad heißem Wasser überbrüht und geknetet werden, um dann aus der glatten, elastischen und formbaren Masse die Käse zu ziehen, zum Beispiel den Mozzarella.
Grundsätzlich werden alle Käse gesalzen: entweder durch leichtes Eindrücken von Salz in die Käseoberfläche, durch das Salzen des Bruchs oder durch Einlegen in ein Salzbad. Das Salzen verleiht dem Käse Würze und es beeinflusst, je nach Käseart, die gewünschte Rindenbildung und damit auch die spätere Reifung.

Handwerk oder Industrie

Für die industrielle Käseherstellung wird – im Unterschied zur traditionellen, handwerklichen Käseproduktion – ausschließlich pasteurisierte Milch verwendet. Der pasteurisierten Milch müssen im Labor gezüchtete Milchsäurebakterien und spezifische Reifekulturen zugesetzt werden, um sie zu Käse verarbeiten zu können. Diese Zugaben haben zum einen natürlich auch Einfluss auf den Geschmack – und man kann mit ihnen gezielt die Reifung steuern. So kann man zum Beispiel bei Weichkäse Kulturen verwenden, die das Eiweiß nur sehr langsam abbauen oder die den Reifungsprozess an einem bestimmten Stadium stoppen, um so die Haltbarkeit des Käses zu verlängern. Durch diese Kulturen lassen sich deshalb standardisierte Produkte herstellen, die im Geschmack nicht zu ausgefallen sind.

Die Gärung

Es gibt wohl kaum eine Gruppe von Lebewesen, die sich so an die unterschiedlichsten Lebensbedingungen anpassen kann, wie die Bakterien: Man findet sie sowohl in der Antarktis bei Dauerfrosttemperaturen als auch in unterseeischen Vulkanen bei mehr als 100 Grad. Es gibt Bakterien, die Sauerstoff zum Überleben benötigen, aber auch solche, die nur unter Sauerstoffabschluss wachsen. Das Nahrungsspektrum reicht von organischen Materialien bis hin zu Abraumhalden von Bergwerken. Die für die Käseherstellung bedeutenden Bakterien gehören alle in diejenigen Gruppen, die auf organischem Material wachsen und dabei entweder Luftsauerstoff benötigen oder unter Sauerstoffabschluss gedeihen und so eine Gärung durchführen.

Für die Herstellung von Käse wichtige Bakterien sind:

• Milchsäurebakterien (Laktobazillen), die eine Milchsäuregärung ausführen, also Milchsäure aus Zucker erzeugen. Natürlicherweise kommen sie im Darm, auf Schleimhäuten und Pflanzen vor. Sie werden schon seit der Frühzeit zur Herstellung und Konservierung von Lebensmitteln (Joghurt, Sauermilch, Sauerkraut, Sauerteig und Käse) eingesetzt. Die Milchsäure schützt den frischen Käse vor Fäulnisbakterien.

• Propionsäurebakterien, die sich auch auf der natürlichen Hautflora finden; bei der Herstellung von Käse entsteht bei dem durch sie verursachten Gärprozess Kohlendioxid, das für die Lochbildung im Käse verantwortlich ist.

• *Brevibacterium linens,* das als Rotschmiere auf der Oberfläche bestimmter Käse vorkommt; der charakteristische Geruch entsteht durch Bildung von Methanthiol aus Proteinen. Die rötliche Färbung kommt durch die Bildung von Carotinoiden, die das Wachstum anderer Bakterien unterdrücken.

Da Käse ein Naturprodukt ist, können hier bei unsachgemäßer Herstellung und Lagerung auch krankheitserregende Bakterien entstehen wie:

• die anspruchslosen *Listeria monocytogenes,* die praktisch überall vorkommen (zum Beispiel auf dem Boden oder in Wasserpfützen) und die mit wenigen Nährstoffen auskommen. Sie sind aber in einem Temperaturbereich von 4 bis 45 Grad überlebens- und wachstumsfähig und ihre Kältetoleranz führt dazu, dass sie sich selbst in vakuumverpackten Lebensmitteln im Kühlschrank vermehren können. Den meisten Menschen schaden Listerien nicht (ausgenommen sind Personen mit ausgeprägter Immunschwäche und Schwangere). Der Erreger gelangt aus dem Erdreich auf Nahrungsmittel wie Kopfsalat oder Pilze. Aber auch Lachs, Salami und Weichkäsesorten (aus Rohmilch und aus pasteurisierter Milch) können verunreinigt sein. Auf Hartkäsen kommen sie nicht vor.

• der krank machende Stamm des Darmbakteriums *Escherichia coli* (EHEC) – ein gefährlichen Erreger, bei dem die Infektion über mehrere Wege möglich ist. Der Verzehr von verunreinigten Lebensmitteln, vor allem von Hackfleisch, Fleischprodukten und Wurstwaren, ist ein häufiger Übertragungsweg. Aber auch Säfte und Milchprodukte können mit EHEC kontaminiert sein. So wurden die EHEC-Bakterien als Bestandteil der Darmflora bei rund acht Prozent aller Rinder nachgewiesen. Der Keim kann sich zum Beispiel durch unsachgemäße Schlachtung leicht weiterverbreiten. Auch das Verschlucken von verunreinigtem Bade- oder Trinkwasser oder der direkte Kontakt mit keimtragenden Tieren kann zu einer Infektion führen – Käse ist davon aber nur in den seltensten Fällen betroffen.

• eine der 250 Salmonellen-Arten, die unterschiedliche Störungen des Magen-Darm-Traktes verursachen; 85 % der Infektionen entstehen durch mangelnde Hygiene im Haushalt – Käse ist nur sehr selten mit Salmonellen infiziert.

Die zweite für die Käseherstellung wichtige Gruppe von Mikroorganismen sind die Pilze, speziell Schimmelpilze und Hefen.

In der Käseherstellung finden hauptsächlich die Schimmelpilzarten *Penicillium camemberti, P. roqueforti candidum* und *P. glaucum* Verwendung. Sie tragen zur Aromabildung bei und erhöhen die Haltbarkeit der Lebensmittel, da sie das Wachstum anderer Schimmelpilze einschränken.

Hefen gehören zur Stammflora praktisch aller Schimmelpilzkäse. Ihre Bedeutung liegt hauptsächlich in der Aromabildung, der Entsäuerung und dem Abbau von Laktose, was die Verdaulichkeit des Käses fördert.

Die 8 großen Käse-Familien

»In Deutschland werden die Käse nach Wasser- und Fettgehalt eingeteilt, in anderen europäischen Ländern nach dem Herstellungsverfahren und der Milchart. Ich bevorzuge die ›europäische‹ Variante, da sie mehr über den Charakter und die Kombinationsmöglichkeit des Käses aussagt. Die Käse werden so in acht Familien eingeteilt … «

Frischkäse

Es gibt zwei Arten von Frischkäse: Die einen werden frisch vor der eigentlichen Reifung des Käses verzehrt – die anderen ganz gezielt als Frischkäse herstellt. Gemeinsames Merkmal aller Frischkäse ist, dass sie keine Reifung aufweisen, also unmittelbar nach der Herstellung fertig zum Verzehr sind.

Die meisten Frischkäse werden aus Kuhmilch hergestellt (es gibt aber auch Schaf- oder Ziegenfrischkäse). Für ein Kilogramm Käse benötigt man etwa sechs Liter Milch. Es kann entrahmte, teilentrahmte, nicht entrahmte (Vollmilch) oder mit Rahm angereicherte Milch verwendet werden. Entsprechend beträgt der Fettgehalt der Frischkäse null bis 75 % Fett in der Trockenmasse. Die Herstellung verläuft in der Regel wie folgt: Die Gerinnung der Milch vollzieht sich unter der Zugabe von sehr wenig Lab fast ausschließlich durch die Milchsäure. Dabei ist die Temperatur mit ungefähr 20 Grad relativ niedrig (die Einlabtemperatur kann bei anderen Käsen bis über 30 Grad betragen). Entsprechend lang ist die Ausdickungszeit: Sie beträgt etwa 24 Stunden. Anschließend erfolgen das Einfüllen in Formen und ein langsames Abtropfen von noch einmal zwölf Stunden Dauer. Bei dieser Art der Herstellung bleibt relativ viel Wasser im Käse – ein wesentlicher Grund, warum Frischkäse nur sehr begrenzt haltbar ist. Frischkäse sollen säuerlich

Rechts: Gemeinsames Merkmal aller Frischkäse: Sie brauchen keine Reifung, sondern können gleich verzehrt werden.

aromatisch sein, ein Buttermilcharoma, Crème fraîche-Noten und manchmal auch eine Zitrusfrische besitzen. In der Konsistenz sollten sie zart und cremig sein und sich völlig auflösen (außer bei Cottage Cheese (Hüttenkäse)).

Sauermilchkäse

Bei Sauermilchkäse handelt es sich um eine Käsespezialität, die aus entrahmter Milch hergestellt wird, kaum Fett, dafür aber 60 bis 73 % Wasser in der fettfreien Käsemasse enthält. Im Handel ist Sauermilchkäse mit Rot- und Gelbschmiere oder mit Edelschimmel auf der Oberfläche erhältlich. Zur Herstellung von Sauermilchkäse werden der Kesselmilch eine Säuerungskultur und spezielle Hefen (die Isolate von oberflächengereiften Käsen) zugegeben. Bei Erreichen des erforderlichen pH-Wertes wird die Gallerte in Würfel geschnitten, dann der Bruch gerührt und anschließend in Leinentücher gefüllt. Um den Molkeabzug zu beschleunigen, werden die Leinentücher über Nacht mit 5-Kilogramm-Gewichten beschwert. Nach 24 Stunden wird der Sauermilchquark unter ver-

schiedenen Bedingungen vorgereift oder direkt weiterverarbeitet. Für die Weiterverarbeitung zu Sauermilchkäse wird der Quark mit Reifungssalzen und Siedesalz versetzt, wodurch eine Erhöhung des pH-Wertes erreicht wird. Zusätzlich wird eine Käsekultur zugegeben, die gründlich mit der Quarkmasse gemischt wird. Nach dem Abfüllen in Formen kommt der Sauermilchkäse für 20 bis 24 Stunden in einen Vorreifungsraum, den sogenannten Schwitzraum, in dem eine Temperatur von 30 bis 33 Grad und eine relative Luftfeuchtigkeit von 98 bis 100 % herrscht.

Ziegenkäse

Frankreich ist das Land des Ziegenkäses: Hier werden nicht nur die meisten Ziegenkäse produziert, sondern auch verzehrt. Während in Frankreich nur Produkte aus reiner Ziegenmilch als Ziegenkäse verkauft werden dürfen, ist es in den meisten anderen Mittelmeerländern erlaubt, Ziegenmilch mit Schaf- oder Kuhmilch für die Käseherstellung zu mischen. Ziegenmilch wird zur Käseherstellung immer als Vollmilch verwendet – am einfachsten ist die Herstellung von Frischkäse, der während der Reifung getrocknet wird. Die meisten Ziegenkäse werden in dieser Form angeboten. Bei der typischen Herstellung wird die Milch bei einer niedrigen Temperatur von etwa 20 bis 24 Grad mit sehr wenig Lab eingelabt.

Darauf folgt eine relativ lange Ausdickungszeit von acht bis zwölf Stunden. Der Bruch wird dann ohne Bearbeitung in die Formen geschöpft. Gerade in Frankreich gibt es für Ziegenkäse besondere Formen: zum Beispiel Pyramiden, Kegel, sich verengende Rollen oder nur münzgroße Behälter. Die Reifezeit der so produzierten Ziegenkäse variiert je nach Größe und gewünschtem Reifegrad zwischen zwei Wochen und drei Monaten. Hartkäse sind unter den Ziegenkäsen eher selten zu finden, denn für ihre Herstellung muss die geronnene Milch vor dem Formen auf 50 Grad erhitzt werden – ein schwierigeres Verfahren, da Ziegenmilch äußerst empfindlich auf Hitze reagiert.

Eine weitere Besonderheit des Ziegenkäses ist das Bestreuen mit Asche. Es handelt sich um Edelasche, die vorwiegend aus dem Holz von Rebstöcken stammt. Die Asche wird zu Pulver gemahlen und, oft mit Salz vermischt, durch ein Sieb über den Käse gestreut. Meist werden die gleichen Käsesorten auch ohne Asche angeboten: Sie werden dann in der Hand gesalzen, wobei das Salz leicht in den Käse eingedrückt wird. Die Asche selbst hat keinen starken Eigengeschmack, ist nicht schädlich und kann mit dem Käse verzehrt werden. Manche Sorten werden auch in Blätter, vor allem Kastanienblätter, gewickelt. Die Blätter sind ein natürliches, aromabildendes Verpackungsmaterial – mit ihrer Gerbsäure beeinflussen sie die Reifung des Käses und halten ihn feucht. Diese Sorten werden im ausgereiften Stadium fast flüssig und recht kräftig. Frisch genossener Ziegenkäse hat einen leicht säuerlichen Geschmack und wird oft auch mit Kräutern vermischt angeboten. Wird Ziegenkäse an der Luft getrocknet, behält er seinen fein-säuerlichen Geschmack und bildet keinen Schimmel. Wird Ziegenkäse wie bei der bäuerlichen Herstellung langsam getrocknet, bildet sich dagegen ein Milchschimmel, der die Säure verzehrt und dem Käse ein leicht haselnussiges Aroma verleiht. Lässt man den Käse weiter reifen, entwickelt sich auf der Käseoberfläche ein Schimmel (Penicillium), der dem Roquefortschimmel ähnelt, das Fett spaltet und dem Käse einen kräftigen Pilzgeschmack verleiht.

Links: Aus dem Holz von Rebstöcken stammt die Edelasche, mit der viele Ziegenkäse bestreut werden.

Käse aus Schafmilch

Schafmilch ist generell sehr reich an Inhaltsstoffen, daher kann sie auch ganz anders verkäst werden. Allerdings schwankt die Zusammensetzung der Milch – je nach Jahreszeit – sehr stark. So muss zum Beispiel zum Ende der Laktationsperiode der Milch bis zu 20 % Wasser hinzugefügt werden, da sie sonst für die Weiterverarbeitung zu Käse zu dick wäre.

In manchen Ländern wird die Milch beziehungsweise der Bruch (nach Labzugabe und Erwärmen auf 34 bis 36 Grad für 30 bis 60 Minuten) entweder nur wenig geschnitten oder mit einem Stab zerkleinert. Anschließend wird der Bruch von Hand auf den Kesselboden gedrückt und die sehr reichhaltige Molke wird abgeschöpft (und für Molkekäse weiterverwendet). Der Bruch wird herausgehoben und in Formen gegeben.

In den meisten Mittelmeerländern lässt man die festen Schafkäse mit Schimmelbildung reifen. Vor dem Verkauf wird der Schimmel dann abgewaschen und die Käse werden geölt. Dieses Öl verursacht dann den leicht ranzigen Geruch, den feste Schafkäse manchmal haben.

Käse mit gepresstem Teig

Zu dieser Gattung gehören viele Käse – natürlich alle mit gepresstem Teig, aber ganz unterschiedlich in Form, Konsistenz, Rindenbeschaffenheit und Geschmack. Allen gemeinsam ist, dass der der Teig (oder Bruch) gepresst wird, um den Abtropfvorgang zu verstärken. Bei der Herstellung dieser Käse wird die zu verarbeitende Milch (vorwiegend Kuhmilch, teilentrahmt oder Vollmilch) auf 30 bis 36 Grad erwärmt. Nach recht kurzer Dickungszeit von etwa 30 Minuten wird die Bruchmasse zu erbsengroßen Bruchkörnern zerkleinert und danach noch einmal leicht nachgewärmt. Um einen erhöhten Säureanteil im Käse zu vermeiden, kann man zu diesem Zeitpunkt auch eine Bruchwaschung durchführen, das heißt, man lässt einen Teil der Molke abfließen und ergänzt ihn durch Wasser. Zu viel Bruchwaschen nimmt dem Käse aber auch Aromavielfalt. Die meisten Hofkäser schöpfen den Bruch aus der

Molke mit einem Sieb in Formen – so erhält man reisgroße Schlitzlöcher im Käseteig.

Man kann das Bruchkorn aber auch in mit Tüchern ausgelegte Formen füllen. Anschließend wird der Käse hydraulisch oder mit Gewichten gepresst. Dabei bestimmt die Intensität des Druckes die gewünschte Konsistenz. Je geringer der Druck, desto weicher wird der Käse, wie etwa der *Saint-Nectaire*; je stärker der Druck, desto fester wird der Käse, wie der *Tête de Moine*. Gesalzen wird der Käse trocken oder im Salzbad, um eine weitere Rindenverfestigung zu erzielen. Anders ist die Herstellung beim *Cantal* und *Cheddar*: Bei ihnen wird dem bearbeiteten Bruch die Molke entzogen und man lässt dann den Bruch zu einem »Kuchen« zusammenwachsen. Der zusammengewachsene, leicht getrocknete Bruch wird gemahlen, der gemahlene Bruch wird gesalzen und in Formen gepresst.

Die frischen Käselaibe lässt man dann in einem feuchten Keller bei einer Temperatur von 7 bis 12 Grad reifen und wendet sie regelmäßig oder reinigt die Oberfläche zusätzlich mit schwach gesalzenem Wasser. Dadurch erzielt man eine geringe Rotschmiere, die anschließend mit Schimmel überwächst, wie etwa beim *Fontina*, *Morbier* und *Taleggio*. Werden die Käse mit konzentriertem Salzwasser abgewaschen, erhalten sie eine intensivere Rotschmiere, wie etwa *Vacherin Fribourgeois*, *Raclette*, *Tête de Moine* und *Appenzeller*. Eine weitere Behandlungsmöglichkeit ist das langsame, kontrollierte Austrocknenlassen, wie etwa beim Gouda und *Mimolette vieille*. Beim *Tomme de Savoie* und beim *Saint-Nectaire* lässt man einen Schimmel wachsen, der während der Reifung von Hand angedrückt wird – der Käse erhält dadurch eine dickere Rinde. Die optimale Beschaffenheit von Käse kann man an folgenden Kriterien messen: Die weichen Käse dieser Gruppe sollten von einer sämigen, langen Teigbeschaffenheit sein. Beim *Cantal* ist darauf zu achten, dass die anfangs marmorierte Konsistenz verschmolzen ist. Langsam getrocknete Käse müssen Salzkristalle gebildet haben, wie zum Beispiel der uralte Gouda.

Rechts: Rund ums Mittelmeer beliebt: Käse aus Schafmilch (oben). Eine Familie mit vielen Mitgliedern: Käse aus gepresstem Teig.

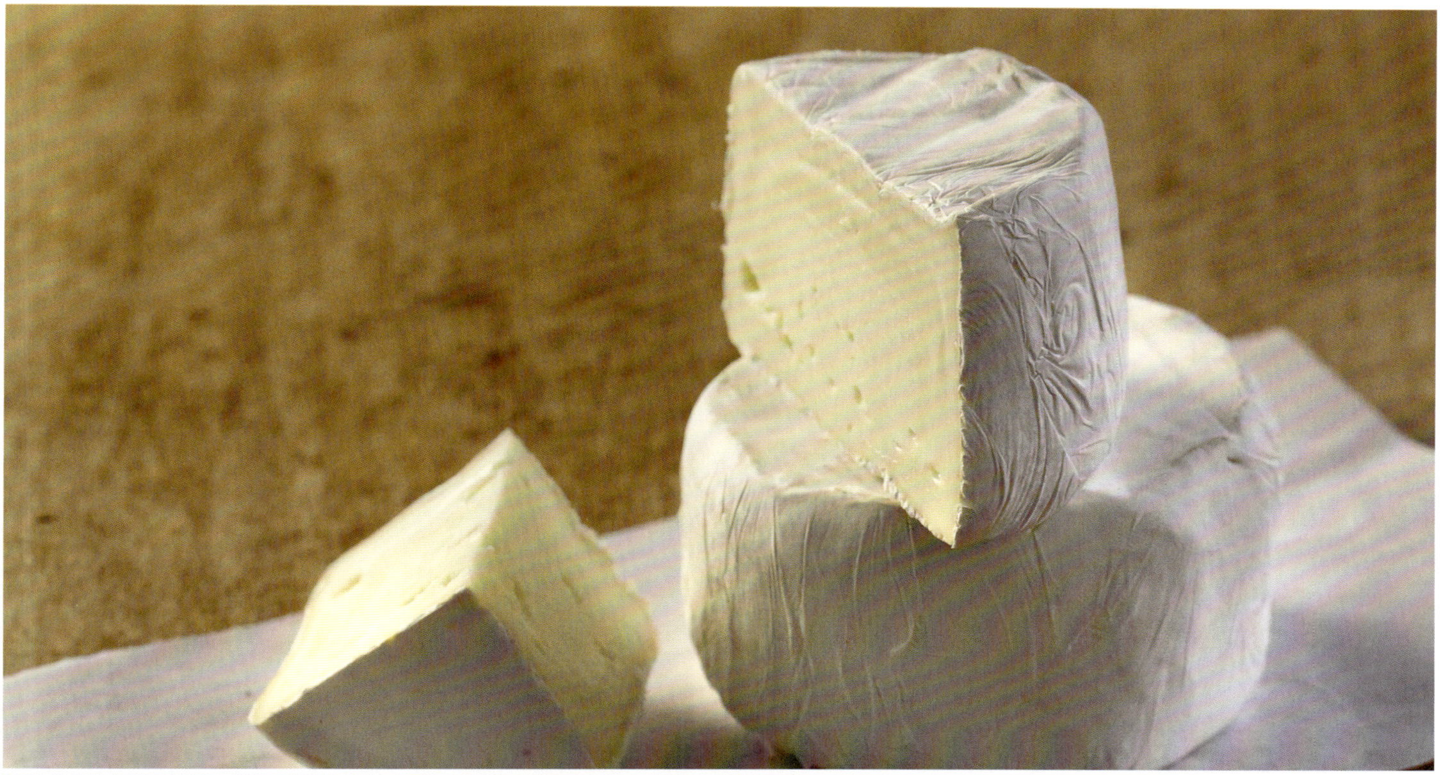

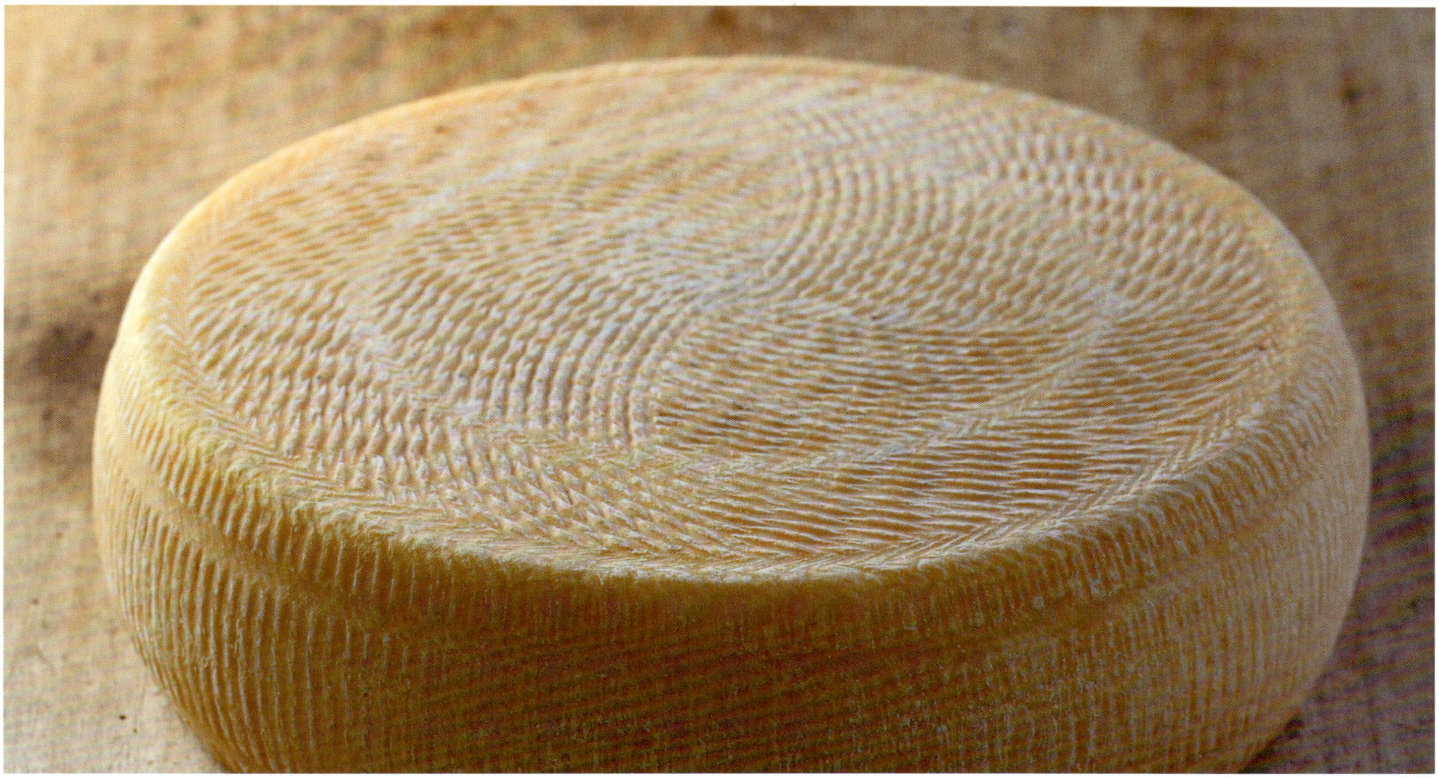

»Auf vielen Sennerhütten wird das hauseigene Salzbad wie ein Familien-
schatz gehütet. Im Laufe der Jahre hat sich hier nämlich eine besondere
Salzflora aufgebaut, die vor allen Angriffen durch unerwünschte Bakterien
schützt. Jedes Jahr wird das Salzbad mit der fehlenden Wasser- und Salz-
menge wieder aufgefüllt. Ein befreundeter Senner gibt dabei immer eine
Kartoffel ins Salzbad – wenn sie oben schwimmt, hat das Wasser genau die
richtige Salzkonzentration…«

Käse mit nachgewärmtem und gepresstem Teig

Das Ursprungsgebiet dieser Käse (mit Ausnahme des Parmigianos) sind die Alpenregionen, in denen die Bauern während des Almbetriebes von Juni bis September diese Käse bereits seit Jahrhunderten zur Selbstversorgung hergestellt haben. Die Herden eines Dorfes wurden zusammengefasst und die erzeugten Käse wurden am Ende der Saison anteilsmäßig verteilt. Die Käse dieser Familie lassen sich in zwei Gruppen einordnen: Käse mit mehr oder weniger starker Lochbildung, wie Emmentaler oder Bergkäse, sowie Käse ohne wesentliche Lochbildung wie etwa *Parmigiano* oder *Beaufort*. Für die Herstellung beider Sorten wird die Milch auf etwa 32 Grad erwärmt. Bei der Herstellung von Käse mit Lochbildung wird zur Unterstützung der natürlichen, in der Milch enthaltenen Propionsäurebakterien noch eine Kultur dieses Stammes zugesetzt (die dann später für die Lochbildung verantwortlich ist). Auf das Einlaben folgt eine Ausdickungszeit von etwa 30 Minuten. Anschließend wird der Bruch ausgiebig bearbeitet. Es folgt ein Nachwärmen. Dabei wird das Bruchkorn in der Molke unter ständigem Rühren auf bis zu 53 Grad nachgewärmt, bis es noch eine Größe von zwei bis drei Millimeter hat. Durch das Nachwärmen wird dem Bruchkorn Flüssigkeit entzogen. Dann erfolgt das Ausschöpfen mit einem Leinentuch unter der Molke, wobei der Bruch mit einem Mal aus dem Käsekessel gehoben wird. Anschließend wird der Käse unter mehrmaligem Wenden etwa 24 Stunden gepresst. Das Pressgewicht beträgt dabei bis zu 2 000 Kilogramm für einen Käse mit einem Gewicht von etwa 120 Kilogramm.

Durch die Herstellung und das starke Pressen tritt sehr viel Flüssigkeit aus und man erhält entsprechend wenig Käse (aus 100 Litern Milch etwa sechs bis acht Kilogramm). Nach dem Pressen wird der Käse für eine Woche in ein Salzbad gelegt und danach noch einige Male nachgesalzen, was zur besseren Rindenbildung beiträgt. Nach einer Abtrocknungszeit von 10 bis 14 Tagen kommt

Links: Auch beim italienischen Parmigiano wird das Bruchkorn nachgewärmt und der Käseteig anschließend gepresst.

der Käse mit Lochbildung für sechs bis acht Wochen in den Gärkeller, wo bei einer Temperatur von 22 bis 24 Grad das Wachstum der Propionsäurebakterien gefördert wird. Diese Bakterien setzen Milchsalze wie Calciumlactat in Essigsäure, also Acetat, Propionat und Kohlendioxid, um – ein Vorgang, der dann zur Lochbildung führt.

Die Reifung bei diesen Käsen vollzieht sich bei einer Temperatur von 12 bis 14 Grad und einer Luftfeuchtigkeit von etwa 90 % gleichmäßig im ganzen Teig. Während der Reifung werden die Käse zweimal pro Woche gereinigt, also mit Wasser abgerieben, abgebürstet oder abgekratzt. Andere Sorten dagegen, wie etwa der Greyerzer, werden gezielt mit Salzwasser abgewaschen, um die Rotschmierkulturen zu fördern. Durch den Austritt der Feuchtigkeit ist der Käse außen in Rindennähe besonders hart. Bei einer Behandlung der Rinde ist dieser Bereich auch im Geschmack intensiver, das Herzstück hingegen ist am weichsten und mildesten. Die Käse dieser Gattung haben meist einen Fettgehalt in der Trockenmasse von 30 bis 50 % und werden aus teilentrahmter oder aus Vollmilch hergestellt.

Die optimale Beschaffenheit der Käse kann man an folgenden Kriterien messen: Die Löcher müssen gleichmäßig verteilt sein, sie müssen rund sein und beim Emmentaler kirsch- bis walnussgroß. Die Mindest-Reifezeit beträgt drei Monate. Optimal ist der Käse, wenn sich in den Löchern des Emmentalers oder den Rissen bei anderen Käsesorten Salzwasser sammelt oder kleine Kristalle entstehen, was nach sechs bis zwölf Monaten der Fall ist. Es handelt sich dabei um Konglomerate aus Aminosäuren, die bei der Eiweißreifung gebildet werden, und nicht um Schimmel, wie manchmal irrtümlich angenommen wird. Diese Aminosäure-Konglomerate, die als weiße Punkte im Teig oder in den Löchern erscheinen, sind ein Zeichen für die optimale Qualität des Käses.

Der Gruyère oder Greyerzer ist sozusagen der »Ahnherr« aller Käse mit nachgewärmtem und gepresstem Teig. Seine Ursprünge lassen sich bis ins 12. Jahrhundert zurückverfolgen – und noch im 18. Jahrhundert wurden in der Schweiz alle Hartkäse nach dem »Gruyère«-Grundrezept hergestellt.

Weichkäse mit Außenschimmel

Typisch für diese Käse ist die Schimmelrinde, die ihnen ein flaumiges Aussehen verleiht. Hergestellt werden sie vorwiegend aus Kuhmilch, die Gerinnung erfolgt durch Zusatz von Lab. Es kann teilentrahmte Milch, Vollmilch oder mit Rahm angereicherte Milch

Unten: Durch das Aufsprühen von *Penicillium candidum* entsteht auf der Rinde der gewünschte Milchschimmel.

verwendet werden – der Fettgehalt beträgt entsprechend 45 bis 75 % in der Trockenmasse. Für ein Kilogramm Weichkäse benötigt man etwa acht Liter Milch. Bei der Herstellung der Käse mit Außenschimmel wird zunächst die Milch auf 28 bis 30 Grad temperiert, dann wird das Lab zugegeben. Die Ausdickungszeit, in der sich der Bruch bildet, beträgt zwei Stunden. Anschließend wird der Bruch ohne intensive Bearbeitung in die Form geschöpft. Dieses Schöpfen muss sehr vorsichtig von Hand ausgeführt werden, damit der Bruch nicht zerstört wird. Die Formen werden dabei nicht auf einmal gefüllt, sondern bis zu fünfmal, damit die Molke gleichmäßiger austreten kann. Nach einer Abtropfzeit von acht Stunden wird der Käse in der Form einmal gewendet, damit er eine gleichmäßige Konsistenz erhält. Nach weiteren acht Stunden ist der Käse fest genug, um aus der Form genommen zu werden. Jetzt wird der Käse in der Trockenkammer auf die Käsehorden (das sind Paletten, deren Oberfläche aus feinen Stäben besteht) gelegt. Auf den Horden kann die aus dem Käse austretende Molke abtropfen. So vermeidet man, dass der Käse in der Molke liegt, das würde die Reifung an dieser Stelle beeinträchtigen.

Nun wird der Käse auf der Oberseite gesalzen und mit einer Schimmelkultur, dem *Penicillium candidum,* besprüht. Der Käse muss alle drei Tage gewendet werden – dadurch bildet sich in den ersten sechs Tagen der Milchschimmel aus. Von der Trockenkammer kommt der Käse in den Reifekeller, in dem eine Temperatur von 8 bis 10 Grad herrscht. Damit sich während der Reifung der Käseschimmel möglichst gleichmäßig entwickelt, wird der Käse in den ersten vier bis fünf Tagen täglich gewendet, anschließend noch zweimal wöchentlich. Eine gleichmäßige Entwicklung des Schimmels ist unbedingt notwendig, weil der Schimmel – neben der Milch mit ihrer Flora – den Charakter des Käses prägt. Die Reifezeit von drei bis vier Wochen ist relativ kurz. Bei den sehr flachen Käsen ist die Reifung, die von außen nach innen erfolgt, bald abgeschlossen. Hat der Käse seine optimale Reife erreicht, muss der Teig eine elastische Masse sein und auf der Oberfläche rötliche Pigmentflecken aufweisen. Durch Temperaturveränderungen kann die Reifung beeinflusst werden: Bei einer niedrigeren Temperatur erfolgt sie langsamer, bei einer höheren wird sie beschleunigt. Allerdings besteht bei einer höheren Temperatur auch die Gefahr einer Fehlgärung, die den Käse verderben kann.

Weichkäse mit gewaschener Rinde

Diese Käse werden überwiegend aus Kuhmilch (Vollmilch, teilentrahmt, aber keine mit Rahm angereicherte Milch) hergestellt. Für ein Kilogramm Käse benötigt man etwa acht Liter Milch. Die Labtemperatur und die Dickungszeit sind ähnlich wie bei den Käsen mit Außenschimmel. Nach der Ausdickung wird der Bruch mit der Käseharfe in walnussgroße Stücke geschnitten. Dabei tritt Molke aus, die abgeschöpft wird, sobald sich der Bruch in der Wanne abgesetzt hat. Der Bruch wird anschließend von Hand in Formen geschöpft, wobei manchmal Tücher in die Formen gelegt werden, damit der Bruch nicht durch die Löcher austreten kann. Nun lässt man den Bruch abtropfen, wobei manchmal die Formen übereinander gestellt werden, um ein leichtes Pressen zu bewirken. Nach fünf bis sechs Stunden werden die Käse gewendet. Man wäscht dabei die Formen aus oder gibt die Käse in neue Formen, um sicherzustellen, dass die Löcher der Formen offen sind und die Molke gleichmäßig abtropfen kann. Am ersten Tag werden die Käse vier- bis fünfmal gewendet. Anschließend werden die Käse aus der Form genommen und von Hand rundherum trockengesalzen. Nun kommen sie für fünf bis sechs Tage in die Trockenkammer, wo sie täglich mindestens einmal gewendet werden.

Anschließend bringt man die Käse in den Reifekeller, wo sie auf Käsehorden bei einer Temperatur von 10 bis 14 Grad und einer hohen Luftfeuchtigkeit von etwa 95 % reifen. Während der Reifezeit werden die Käse jeden zweiten Tag mit einer Kochsalzlösung gewaschen. Das Abwaschen des Käses verhindert die Schimmelbildung und fördert das in der Milch enthaltene *Brevibacterium linens,* das sehr salzliebend ist und die rötliche Schmiere bildet. Je nach Käsesorte wäscht man entweder mit reiner Salzlösung oder mit einer Salzlösung, der Bier, Tresterbrand, Apfelwein oder Kräuter zugesetzt worden ist. Diese Zusätze unterstützen die Reifung und sind mitverantwortlich für den sortentypischen Geschmack des jeweiligen Käses.

An der sogenannten Schmiere kann man die Qualität des Käses erkennen: Wenn sie nur leicht feucht ist und eine rötlich-braune Färbung aufweist, dann ist der Käse qualitativ hochwertig. Die Käse reifen von außen nach innen. Darum ist die Reifedauer, die

zwischen vier Wochen und vier Monaten beträgt, stark von der Größe und Höhe der Käse abhängig. Am Ende der Reifung sollte der Teig geschmeidig und cremig sein. Das *Brevibacterium linens* verbraucht bei der Reifung die im Käse enthaltene Milchsäure – der gereifte Käse ist deshalb alkalisiert. Der etwas kräftige Geruch entsteht durch Oxidation der Fettsäuren.

Unten: Durch regelmäßiges Waschen mit Kochsalzlösung bildet sich auf der Rinde die »Rotschmiere«.

Käse mit Innenschimmel

Die Käse mit Innenschimmel werden aus Kuhmilch, Schafmilch und vereinzelt auch aus Ziegenmilch hergestellt. Aus zehn Litern Milch erhält man ungefähr ein Kilogramm Käse. Bei der traditionellen Verarbeitung wird die Milch als Vollmilch verwendet. Der Fettgehalt im Käse beträgt dementsprechend etwa 50 %. Da der typisch süßliche, pilzartige Geschmack durch die Fettspaltung während der Reifung verursacht wird, werden diese Käse auch gerne mit erhöhtem Fettgehalt hergestellt, das heißt, man setzt der Milch vor dem Verkäsen Sahne zu. Die Einlabtemperatur liegt bei 28 bis 32 Grad, die Dickungszeit ist mit einer Stunde relativ lang und es erfolgt nur eine geringe Bruchbearbeitung, das heißt, der geschnittene Bruch wird noch oft von Hand so gerührt, dass er von allen Seiten eine gleichmäßige Elastizität bekommt, diese Elastizität des Bruchkorns ist für die spätere Schimmelverteilung mitverantwortlich. Danach wird die Masse in zylindrische Formen geschöpft.

Eine Ausnahme bildet der Stilton. Hier wird, wie bei den meisten Käsen aus Großbritannien, der von der Molke befreite und leicht getrocknete Bruch gemahlen und in Formen gefüllt. Die geformten Käse lässt man bei einer Temperatur von 20 Grad drei bis vier Tage abtropfen und wendet sie mehrmals. Anschließend wird der Käse trockengesalzen und vier bis sechs Tage zum Antrocknen gelagert. Dann pikiert man den Käse, das heißt, er wird mit mehreren Nadeln durchstochen, die gewünschte Schimmelkultur wird eingeimpft und die für das Schimmelwachstum notwendige Luft kann in das Innere des Käses eindringen. Roquefort und Stilton bilden hinsichtlich der Zugabe des Schimmels eine Ausnahme. Bei ihnen wird der pulverisierte Schimmel bereits während des Formens eingestreut. Nach dem Pikieren reift er acht Wochen bis acht Monate bei einer Temperatur von 8 bis 10 Grad und einer relativen Luftfeuchtigkeit von 90 bis 95 %.

Die Käselaibe werden auf dem Rand stehend gelagert, damit die beim Pikieren entstandenen Löcher auf beiden Seiten offen sind und die für die Entwicklung des Schimmels notwendige Luftzufuhr gewährleistet ist. Die Reifung erfolgt bei diesen Käsen gleichmäßig von innen nach außen. Die optimale Reifung ist gegeben, wenn der Schimmel von innen bis außen an den Rand gewachsen ist.

Das dauert ungefähr drei Wochen. Dann müssen die Löcher verschlossen werden — somit wird das Wachstum des Schimmels gestoppt. Der weitere Eiweißabbau erfolgt dann über natürliche Enzyme, die dem Käseteig eine cremige bis butterartige Konsistenz verleihen. Bei dieser Art der Reifung entstehen etwa hundert verschiedene Aromastoffe.

Filatakäse findet man am häufigsten in Italien. Seine Geschichte reicht allerdings bis in die Zeit der Völkerwanderung zurück, in der germanischen Stämme in Vorderasien siedelten, die dortige Art der Käseherstellung lernten, später in Italien sesshaft wurden und so die alte Käsetradition mitbrachten.

Zur Herstellung wird der Käsebruch eine Weile stehen gelassen, dann aus der Molke gehoben und mit ca. 80 Grad heißem Wasser überbrüht. Anschließend wird die heiße Masse unter Rühren, Kneten und Ziehen zu einem weichen, geschmeidigen und formbaren Teig verarbeitet. Davon werden gleichmäßige Stücke abgeteilt, die meist zu einer Kugel, einem Zopf oder zu einer anderen typischen Gestalt geformt und danach zum Abkühlen in ein kaltes Wasserbad und anschließend in gesalzene Molke gelegt werden. Je länger der Käse im Salzbad liegt, desto stärker ist er gesalzen. Er wird frisch verkauft oder durch Trocknung oder Räuchern weiterverarbeitet. Einer der bekanntesten Vertreter der jungen und frischen Brühkäse ist der Mozzarella, bei den festen Brühkäsen der Provolone.

Schmelzkäse (in der Schweiz auch Schachtelkäse genannt) ist ein Produkt, das nach deutschem Recht zu mindestens 50 % (bezogen auf die Trockenmasse) aus Käse, meist verschiedener Sorten, besteht. Zur Herstellung werden die Käse gerieben, mit Schmelzsalzen und Wasser vermischt und bis zur Verflüssigung erhitzt. Dann wird die Käsemasse in Formen gefüllt und abgekühlt, bis sie sich wieder verfestigt. Häufig werden noch Gewürze oder andere Zutaten wie zum Beispiel Pilze beigemischt. Man kann Schmelzkäse häufig als kleine Dreiecke kaufen (dann ist er streichfähig) — oder als schnittfeste, quadratische Scheiben.

Rechts: Der süßliche, pilzartige Geschmack der Käse mit Innenschimmel entsteht durch die Fettspaltung während der Reifung.

Die Reifung

Der letzte Schritt der Käseherstellung ist die Reifung, bei der die im Käse enthaltenen Bakterien, Enzyme, Hefen und Schimmel arbeiten und dem Käse seinen sortentypischen Geschmack verleihen. Wichtig sind aber auch die äußeren Umstände des Reifungsprozesses, also die Temperatur, die Luftfeuchtigkeit, die Reifedauer und die unterschiedliche Behandlung der einzelnen Käsesorten. Der Affineur, also der Käsereifer, hat hier die Aufgabe, den Vorgang der Reifung optimal auf das gewünschte Produkt abzustimmen. Dabei hat er verschiedene Möglichkeiten: Waschen, Wenden, Trocknen, Bürsten oder Verändern der Lagertemperatur und der Feuchtigkeit im Reifungskeller.

Affinage

So nennt man das Veredeln, Vollenden und Verfeinern des Käses durch Reifung und Pflege – eine hohe Kunst, die das Ziel hat, den Käse zu einem wahren Gaumenerlebnis zu machen. Jeder Affineur hat natürlich seinen ganz persönlichen Stil und seine Geheimnisse

– so auch Wolfgang Hofmann, Bruder und Geschäftspartner, der mit seinem Können die Tölzer Käsereiferei zu einem der besten Käseveredler Europas gemacht hat. In den verschiedenen Kellern der Tölzer Käsereiferei werden die Käse-Rohlinge von bester Qualität aus unbehandelter Milch von Kühen, Ziegen und Schafen achtsam und liebevoll gepflegt und affiniert, also zum Beispiel mit Wein, Sud, Salzlake oder Cidre gewaschen, in Champagner gewendet, in Calvados getränkt, gebürstet, gewendet, zwischen mehreren Kellern hin und her bewegt oder auf Stroh gereift. Ausschließlich handwerklich hergestellte Käsesorten von höchster Qualität (alle ohne chemische Zusätze und gentechnische Veränderungen und nur aus ausgewählten Hof- und Dorfkäsereien, Alpbetrieben und Klöstern) werden hier in den Tölzer Reifekellern zur Vollendung gebracht – mittlerweile über 150 Käsesorten aus 10 europäischen Ländern.

»Zum Aufbewahren von Käse braucht man unbedingt das richtige Papier! Am besten eignet sich einseitig gewachstes Pergamentpapier, das den Käse einerseits vor Feuchtigkeitsverlust schützt, andererseits aber auch durchlässig genug ist, um die vom Käse abgegebene Feuchtigkeit und entstehende Gase nach außen durchzulassen. Frischhaltefolie eignet sich zum Einpacken von Hartkäse – bei Weichkäse wird die Rinde in der Folie schmierig. Hartkäse können – wie Käse mit Innenschimmel – aber auch in Alufolie eingewickelt werden.

Außerdem sollte der eingewickelte Käse im Kühlschrank in einem luftdichten Gefäß mit Deckel aufbewahrt werden: So ›riecht‹ nicht gleich der ganze Kühlschrank und der Käse ist vor dem Austrocknen geschützt.«

Links: Im Reifekeller werden die handwerklich hergestellten Käserohlinge veredelt.

Rechts: Ob mit Salzlake, Kräuterwein oder Champagner: Der Affineur hat viele Möglichkeiten, seinen Käse zu verfeinern.

Prüfen und kontrollieren

Um die Qualität eines Käses bestimmen und kontrollieren zu können, muss man ihn **sensorisch** prüfen, das heißt, den Käse unter den Gesichtspunkten Aussehen, Textur, Geruch, Aroma und Geschmack analysieren. Käse wird über verschiedene Sinne wahrgenommen: Mit dem Auge erfasst man die Form, die Oberflächenbeschaffenheit, die Größe und die Farbe. Durch Berühren und Verformen mit den Händen wird die Textur des Käses erfasst – also ob er weich oder hart ist oder auf Druck nachgibt.

Geruch und Aroma des Käses erfährt man zum einen nasal, also durch die Nase, aber auch retronasal, über die »Riechkolben« (lateinisch *Bulbus olfactorius),* also die Rachenraumverbindung. 80 % von dem, was man vermeintlich schmeckt, wird eigentlich über die Schleimhäute der Nase wahrgenommen. Wenn man beispielsweise ein Stück Käse im Mund zerkleinert, werden flüchtige chemische Stoffe freigesetzt, die über den Rachenraum an die Schleimhäute der Nase gelangen. Die *Regio olfactoria* (Riechschleimhaut) befindet sich in der oberen Nasenhöhle und umfasst eine Fläche von 2 × 5 cm². Von hier aus werden die Reize an die Riechkolben und dann ins Gehirn weitergeleitet. Gerade der Geruchssinn ist mit dem ältesten Teil unseres Gehirns, dem Stammhirn, verbunden und kann deshalb bei bestimmten Gerüchen auch tief liegende Erinnerungen und Empfindungen hervorrufen.

Wie etwas schmeckt – süß, sauer, salzig, bitter oder *umami* –, nehmen wir über Geschmacksknospen auf der Zunge und im Mund-Rachenraum wahr. Dabei werden die einzelnen Geschmäcker nicht von allen Geschmacksknospen in gleicher Weise wahrgenommen. Die Konzentration des Stoffes bestimmt, ob sein Geschmack angenehm oder unangenehm ist. Eine Aufgabe des Geschmacksinnes ist die Nahrungskontrolle: So löst ein schlechter oder bitterer Geschmack oft das Alarmsignal giftig aus – wie bei Kindern, die Essen sofort ausspucken, wenn es zu bitter ist.

Links: An der Käseakademie bietet Susanne Hofmann bei der Ausbildung zum Fromelier auch Sensorikkurse an.

Umami – so nennt man neben süß, sauer, salzig und bitter die Geschmacksdimension, die man mit Brillat-Savarin auch einfach als »schmackhaft« bezeichnen könnte. Hervorgerufen wird sie durch die chemische Verbindung Glutamat, die als geschmacksverstärkender Zusatzstoff in industriell hergestellten Lebensmitteln bei uns ziemlich in Verruf geraten ist. Dabei kommen die Salze der Glutaminsäure ganz natürlich in fast allen proteinhaltigen Lebensmitteln vor und intensivieren so deren würzigen und salzigen Geschmack. Täglich nehmen wir durch die Nahrung etwa ein Gramm freies Glutamat auf – darüber hinaus kann unser Körper diese nicht essenzielle Aminosäure auch selbst produzieren. Glutamathaltige Lebensmittel sind zum Beispiel Tomaten, Pilze, Sardinen und – Käse! Reife Tomaten enthalten bis zu 200 mg freies Glutamat pro 100 Gramm, ein gereifter Parmesankäse sogar 1200 mg. Je älter und reifer, desto *umami* – denn mit dem Reifeprozess steigt der Glutamatgehalt von Lebensmitteln und damit auch ihr kräftiger, pikanter Geschmack.

Die trigeminale Wahrnehmung, also die Reaktion des Trigeminusnervs, unterstützt die Wahrnehmung von Geruch und Geschmack. Die freien Enden des Trigeminusnervs befinden sich in der Gesichtshaut, in den Schleimhäuten der Nase, der Mundhöhle und der Augen. Geschmacksbeschreibungen wie stechend, brennend, kühlend, herb oder metallisch und das Empfinden von Schärfe sind im Grunde Reaktionen des Trigeminusnervs.

Und natürlich ist Wahrnehmung auch immer subjektiv, das heißt, der persönliche Zustand – also ob man krank ist, schlecht geschlafen hat, etwas Scharfes gegessen oder Kaffee getrunken hat – beeinflusst auch das Geschmacks- und Geruchsempfinden. Die über den Geruchs- und Geschmackssinn erlangten Informationen werden im Gehirn verarbeitet, wobei bereits während des Wahrnehmungsprozesses Vorentscheidungen getroffen werden, welche der Informationen wichtig sind. Um Käse beurteilen zu können, müssen die Geruchs- und Geschmackswahrnehmungen in Worte gefasst werden. Die Sprache ist notwendig, um Sinneseindrücke bewusst zu verarbeiten, das heißt Begriffe zu bilden und Konzepte zu erarbeiten, die wiederum verbalisiert werden. Erst damit ist eine ökonomische Speicherung im Gedächtnis möglich.

»Erfahrungen vererben sich nicht –
jeder muss sie allein machen.«

Kurt Tucholsky

Rezepte, die in jeder Küche gelingen

»In einer ›normalen‹ Küche kann man am besten Frischkäse und Milchprodukte wie Joghurt, Quark und einfache Käse zubereiten. Für andere Käsesorten ist der Aufwand einfach zu groß und es fehlen vor allem die räumlichen Möglichkeiten, um den Käse richtig zu lagern und zu kühlen. Aber schon bei diesen einfachen Rezepten merkt man bald, wie viel Spaß es macht, Milch einmal selbst weiterzuverarbeiten und seiner Familie oder Gästen hausgemachten Quark, Joghurt oder Mascarpone zu servieren!«

Unten: Für die Käseherstellung in der eigenen Küche ist die klassische Küchenausstattung völlig ausreichend.
Rechts: Einfachen Käse selbst herzustellen macht nicht nur Spaß, sondern ist auch eine große kulinarische Freude.

Für die Milchverarbeitung zu Hause braucht man natürlich auch das passende Handwerkszeug – das gehört aber fast alles zur ganz klassischen Küchenausstattung:

- Herd mit Backofen
- Edelstahltopf
- großes Messer
- Schüsseln
- Küchensiebe
- Schneebesen
- Messbecher
- Küchenwaage
- Leinen- oder Mulltücher (z. B. Stoffwindeln)
- ein Lebensmittelthermometer (im Küchenfachhandel)
- Schraubgläser mit Deckel
- luftdicht schließende Plastikdosen

Naturjoghurt
Ein Becher Gesundheit

Eine schöne Erinnerung: In der Molkerei von Familie Hofmann wurde der hausgemachte Naturjoghurt nicht nur innerlich (lecker und gesund) angewendet, sondern auch äußerlich gegen Sonnenbrand – die hellhäutige Tochter war im Sommer selten ohne Joghurt auf dem Rücken unterwegs.

Zutaten

1 Liter Frischmilch
100 g Naturjoghurt

Material

Topf
Lebensmittelthermometer
Gläser mit Schraubverschluss

1. Milch in einem Topf auf 35–40 Grad erwärmen. Die Temperatur dabei immer wieder mit einem Lebensmittelthermometer prüfen.

2. Den Topf vom Herd nehmen und den Naturjoghurt einrühren.

3. Gläser mit Schraubdeckel mit kochend heißem Wasser ausspülen und gründlich abtrocknen. Die Joghurt-Masse in die Gläser füllen und sorgfältig verschließen.

4. Die Gläser (im Winter) auf die warme Heizung stellen oder in einen mit warmem Wasser gefüllten Topf stellen (siehe Seite 84/85). Die Masse in 12 bis 24 Stunden zu Joghurt reifen lassen und entweder gleich essen oder im Kühlschrank aufbewahren.

TIPP: Wenn Sie 200 g Naturjoghurt mit 100 ml Wasser, ½ TL Salz, 1 TL frisch gepresstem Zitronensaft und 1 EL fein gehackten Minzblättchen gründlich vermischen, erhalten Sie einen wunderbaren, selbst gemachten türkischen Ayran.

Quark
Der Alleskönner

Früher war Quark oft der einzige Käse, den man hatte und nicht besonders – daher auch die Redewendung »so ein Käse«. Wenn man diesen Quark mit guter Milch selbst macht, ist es ein Luxusgericht und ein kulinarischer Genuss.

Zutaten
2 Liter Frischmilch
6 EL Sauermilch

Material
Topf
Lebensmittelthermometer
Messer oder Käseharfe
Sieb
Leinen- oder Mulltuch
Fest verschließbares Gefäß

1. Die Milch in einem Topf auf 30 Grad erwärmen, dabei die Temperatur immer wieder mit einem Lebensmittelthermometer prüfen.

2. Den Topf vom Herd nehmen, Sauermilch zugeben, alles gut vermischen und abgedeckt bei Zimmertemperatur 48 Stunden stehen lassen.

3. Dann die Masse kreuz und quer mit einem Messer (oder einer Käseharfe) einschneiden, alles 10 Minuten ruhen lassen.

4. Ein Sieb über einer Schüssel mit einem Leinen- oder Mulltuch auslegen, die Masse hinein geben und 1 bis 2 Stunden abtropfen lassen.

5. Den Quark in ein fest verschließbares Gefäß füllen und im Kühlschrank aufbewahren.

TIPP: Süß oder salzig, zum Kochen oder zum Backen, als Raviolifüllung oder als Käsekuchen – mit frischem Quark kann man in der Küche (fast) alles machen.

Buttermilch-Frischkäse
Für Figurbewusste

Wunderbar schnell gemacht, herrlich schmackhaft und gut zu kombinieren und variieren. Einfach frisches Bauernbrot mit Buttermilch-Frischkäse bestreichen und mit feinen Radieschenscheiben, Schnittlauchröllchen und Kresse als »Topping« servieren.

Zutaten
1 Liter Buttermilch
2 EL Schmand
1 TL Salz

Material
Topf
Lebensmittelthermometer
Messer oder Käseharfe
Sieb
Leinen- oder Mulltuch
Fest verschließbares Gefäß

1. Buttermilch und Schmand in einem Topf vermischen, auf 70 Grad erhitzen, dabei die Temperatur mit einem Lebensmittelthermometer prüfen.

2. Den Topf vom Herd nehmen und alles abgedeckt bei Zimmertemperatur 2 Stunden ziehen lassen.

3. Die Masse mit einem Messer oder einer Käseharfe schneiden, 1 TL Salz untermischen.

4. Ein Sieb über einer Schüssel mit einem Leinen- oder Mulltuch auslegen, Käsemasse hineingeben und 2 bis 3 Stunden abtropfen lassen.

5. Den Frischkäse in ein fest verschließbares Gefäß füllen und im Kühlschrank aufbewahren.

Mascarpone
Die italienische Verführung

Ah, lecker, echter Mascarpone. Dieser hat nichts mit dem im Supermarkt gekauften zu tun, sondern ist das reinste kulinarische Erlebnis: nussig, aromatisch und ausgesprochen fein. Und mit Vanillemark, Eierlikör und frisch gepresstem Orangensaft vermischt entsteht ein blitzschnelles Dessert!

Zutaten
2 Liter frische Sahne (30–35 % Fett)
30 ml Zitronensäure (5%ig)

Material
Schüssel
Lebensmittelthermometer
Sieb
Leinen- oder Mulltuch
Fest verschließbares Gefäß

1. Die Sahne in einer Schüssel im heißen Wasserbad auf 90 Grad erhitzen, dabei die Temperatur mit dem Lebensmittelthermometer überprüfen.

2. Sahne aus dem Wasserbad nehmen, 30 ml Zitronensäure zugeben, alles gut vermischen und etwa 10 Minuten ständig rühren, bis sich zunächst sehr feine Körner bilden, die sich zu größeren Körnern verbinden und die Masse dichter und fester wird.

3. Sieb über einer Schüssel mit einem Leinen- oder Mulltuch auslegen, Frischkäsemasse hineingeben und 8–10 Stunden bei einer Raumtemperatur von 10 Grad ruhen lassen.

4. Dann das Tuch mit der Masse hochnehmen und aufhängen, sodass alles in weiteren 8–10 Stunden gut abtropfen kann.

5. Mascarpone in ein fest verschließbares Gefäß füllen und gekühlt bei 2 bis 4 Grad aufbewahren. Am besten frisch verbrauchen und nicht länger als 24 Stunden aufheben.

Harzer Kümmelkäse
Für die deftige Brotzeit

Des Deutschen ältester Käse. Die Germanen waren die ersten, die Milchzucker vertragen haben, daher tranken sie leidenschaftlich gerne Milch. Was übrig blieb, wurde sauer und so entstand dieser köstliche Käse!

Zutaten
1 kg Quark
1 TL Haushaltsnatron
1 TL Salz
1–2 EL Kümmelkörner

Material
Schüssel
Gitterrost
Kuchenaufbewahrungs-
behälter

1. Den Quark in einem Sieb über einer Schüssel etwa dreißig Minuten abtropfen lassen. Dann mit Natron, Salz und Kümmel in einer zweiten Schüssel gründlich vermischen.

2. Mit leicht angefeuchteten Händen aus der Masse kleine Taler formen. Die Taler auf ein Gitterrost in einem fest verschließbaren Kuchenaufbewahrungsbehälter legen und bei 15 Grad 7 bis 10 Tage reifen lassen, dabei täglich wenden.

3. Oder die Masse zunächst in eine rechteckige Käseform füllen und einen Tag bei Zimmertemperatur fest werden lassen. Dann den Käse aus der Form nehmen, ebenfalls auf ein Gitterrost in einen fest verschließbaren Kuchenbehälter legen und wie oben beschrieben weiter verfahren.

TIPP: Auch gut mit einer leichten Essig-Öl-Marinade und fein geschnittenen Zwiebelringen!

Butterschmalz
Die Geheimzutat »echter« Panade

Für viele Köche und Gourmets das ideale Back- und Bratfett: Es lässt sich hoch erhitzen und gibt Gerichten gleichzeitig die gewünschte, feine Butternote.

Zutaten
500 g frische Butter

Material
Topf
Schaumlöffel
Tee- oder Kaffeefilter
Fest verschließbares Gefäß

1. Die Butter grob würfeln, in einen Topf geben und bei kleiner Hitze erwärmen, dabei immer wieder umrühren und den Schaum mit dem Löffel abschöpfen.

2. Die Butter weitere 10 bis 12 Minuten bei kleiner Hitze köcheln lassen, bis das Eiweiß auf den Boden sinkt und das Wasser verdampft ist.

3. Alles 5 bis 6 Minuten ruhen lassen, dann das flüssige Schmalz zum Beispiel durch einen Tee- oder Kaffeefilter in ein fest verschließbares Gefäß abgießen und im Kühlschrank aufbewahren.

TIPP: Der Geheimtipp für echte Wiener Schnitzel: Die in Mehl, Ei und Paniermehl gewendeten Kalbsschnitzel in reichlich heißem Butter-schmalz goldgelb braten. Während des Bratens unbedingt immer mit einem Löffel die Panade auf der oben liegenden Seite der Schnitzel mit dem heißen Butterschmalz beträufeln – so wird's richtig schön »wellig«!

»Ohne Verdruss kein Genuss.«

Grundrezepte für die Hofkäserei

Mit meinem Buch möchte ich auch alle Landwirtinnen und Landwirte unterstützen, die sich mit dem Gedanken tragen, eine eigene Hofkäserei einzurichten. Aus der eigenen Milch traditionell und handwerklich hergestellten Käse zu machen ist eine kreative, erfüllende Tätigkeit, die außerdem auch noch eine zusätzliche Einnahmequelle eröffnet. Gemeinsam mit dem Verband für handwerkliche Milchverarbeitung im ökologischen Landbau e. V. (VHM) und dem VHM-Geschäftsführer Marc Albrecht-Seidel möchte ich dazu beitragen, die hofeigene Milchverarbeitung weiter zu stärken! Der VHM bietet in der Käseakademie dazu Grundkurse, Aufbaukurse und Spezialkurse an.

Das braucht man für die Hofkäserei:

Zum einen den gesetzlichen Hygienevorschriften entsprechende Räume:

• einen gefliesten und gut zu reinigenden Herstellungsraum, mit einer Hygieneschleuse abgetrennt von den Stallungen.

• mindestens einen Kühl- und Reiferaum mit natürlicher Belüftung, Luftumwälzung (Verdampfer an der Decke, Ventilator) und der Möglichkeit, Temperatur und Luftfeuchtigkeit einzustellen.

Außerdem professionelles Handwerkszeug:

• Extra-Kühlschrank (mit Mikrozerstäuber, z. B. aus Springbrunnen)
• Käsekessel (zum Testen geht auch ein temperaturgesteuerter Einwecktopf)
• Käsesäbel (ersatzweise eine Teigpalette)
• Käseharfe und Käseformen
• Käsekulturen und Lab
• Käseabtropftisch (oder Edelstahl-Spüle)
• Käsehorden (ersatzweise Kuchengitter)
• Käsepresse
• Gerät zur Messung des pH-Wertes
• Lebensmittelthermometer
• Natursalz
• Öko-Reinigungsmittel
• Pikierstab

• Reifungsregale
• Schöpfkelle mit Löchern
• Siebrutsche mit Löchern
• Vakuumiergerät
• Verpackungsmaterial (Pergament oder Butterbrotpapier)
• Wanne für Salzbad

Und natürlich müssen Personal, Arbeitsplatz, Arbeitsgeräte, Wasser, Tiere, Futter, Melkanlage, Milch, Kühl- und Reiferäume immer sauber sein und den Hygienevorschriften entsprechen.

Käseherstellung im Überblick

Frischkäse

• Schneiden des Bruchs mit einem Käsesäbel
• Abschöpfen des Bruchs mit einer Schöpfkelle mit Löchern
• Abfüllen des Bruchs in Schichtkäseformen
• Entfernen des Verteilerrahmens
• Salzen
• Abtropfen lassen im Kühlraum
• Frischkäse verpacken

Schnittkäse

• Aufwärmen der Milch im Käsekessel
• Kultur in die aufgewärmte Milch geben
• pH-Wert messen
• Lab zugeben
• Prüfung der Gallerte-Konsistenz
• Schneiden der Gallerte mit einer Käseharfe
• Kontrolle der Bruchgröße
• Abfüllen des Bruchs in Formen
• Käse wenden

Rechts: Kreativ und erfüllend: aus der eigenen Milch traditionell und handwerklich hergestellten Käse machen.

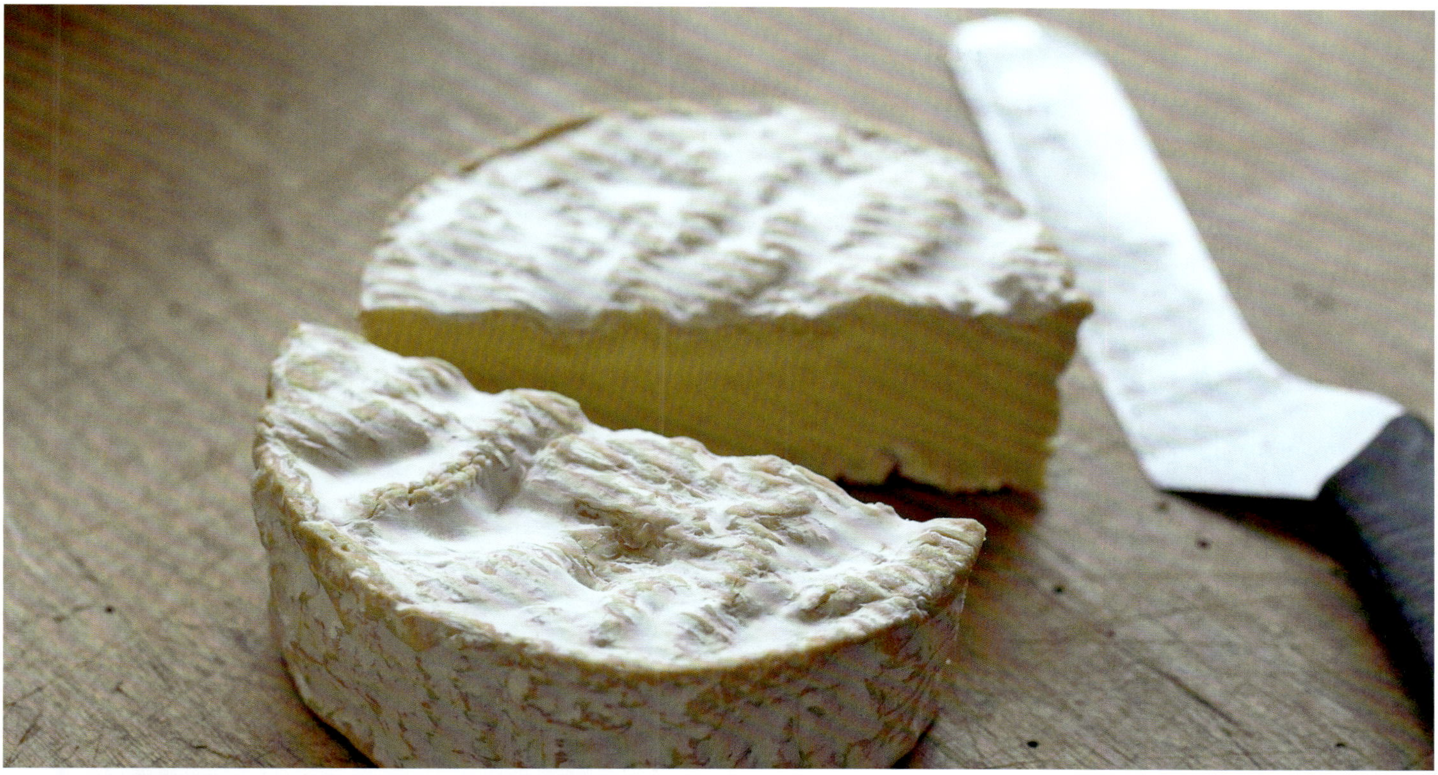

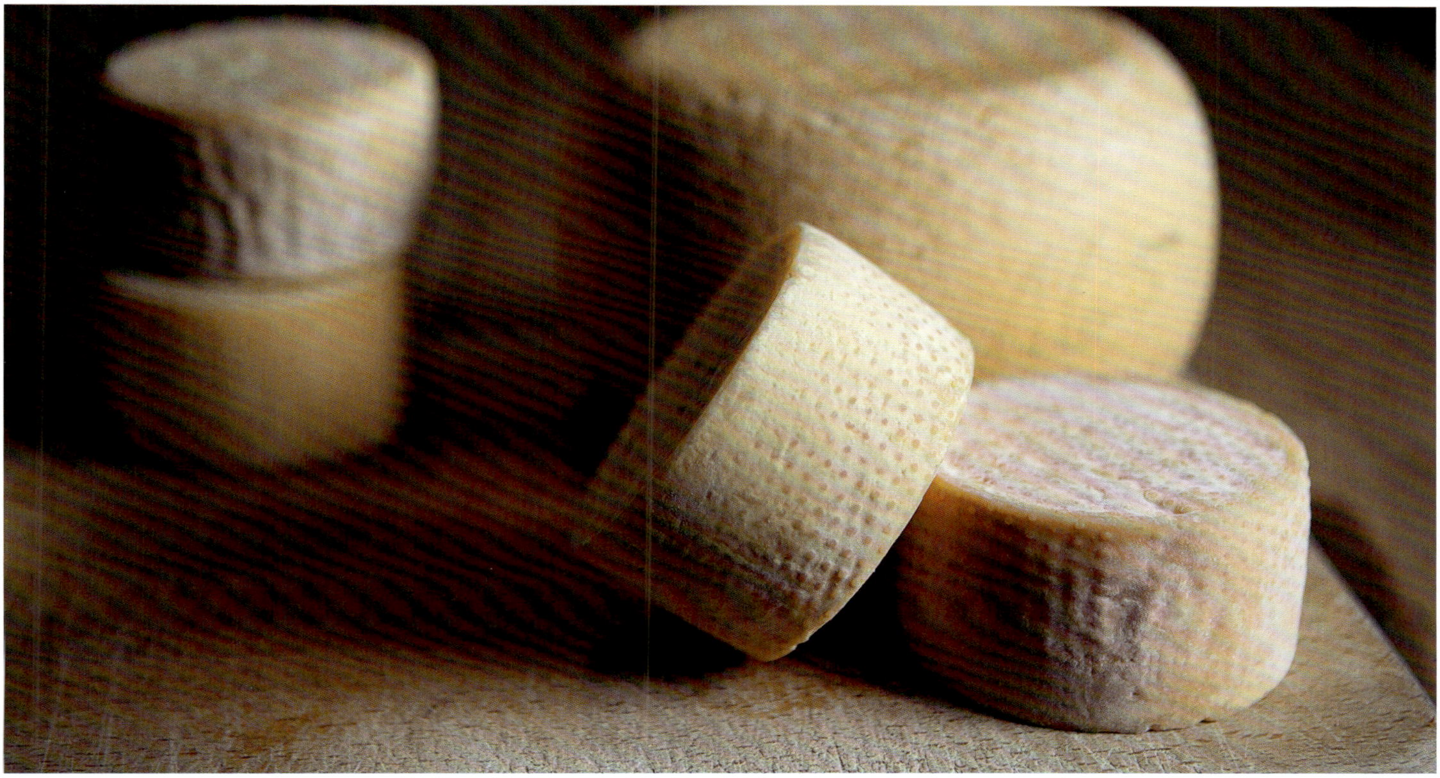

Joghurt selbst gemacht

Links: Die frische Milch im Wasserbad auf 35 bis 40 Grad erwärmen.

Rechts: Topf vom Herd nehmen und einen beiseitegestellten Joghurt von der letzten Produktion (oder einen anderen Naturjoghurt) einrühren.

Unten: Die fertige Masse in einen Messbecher umfüllen.

Links: Die Joghurtmasse gleichmäßig in die vorbereiteten Gläschen gießen.

Rechts: Die Gläschen gut verschließen.

Unten: Der Joghurt muss nun zum Reifen in ein warmes Wasserbad an einen warmen Platz gestellt werden.

Ziegenfrischkäse selbst gemacht

Links: Die Milch in einem Topf füllen und die notwendigen Kulturen zugeben.

Rechts: Die Kulturen wirken lassen.

Unten: Mit einer Schöpfkelle die Käsemasse aus dem Topf in die Abtropfsiebe füllen.

Links: Ziegenkäse-Dickete mit einer Schöpfkelle in Frischkäseformen füllen.

Rechts: Der Ziegenfrischkäse kann in den Sieben abtropfen
und etwas Molke abgeben.

Unten: Die Molke muss vom Tisch gut abfließen können.

Bauernkäse selbst gemacht

Links: Der frischen Milch werden die Kulturen und das Lab zugesetzt.

Rechts: Überprüfen der Gallerte (Bruchkante), ob der Käse sich vom Kesselrand löst.

Unten: Der Bruch wird auf Festigkeit und Konsistenz geprüft.

Links: Der Bruch wird mit der Käseharfe geschnitten.

Rechts: Der geschnittene Bruch wird ordentlich gerührt …

Unten: … und die Bruchkorngröße nach dem Schneiden kontrolliert.

Links: Die Bruchstücke werden mit den Fingern geprüft – sie sollten »reiskornfest« sein.

Rechts: Der geschnittene Bruch wird auf dem Kessel genommen und in eine zweite Schüssel gegeben.

Unten: Um den Käse unterschiedliche Geschmacksrichtungen zu geben, können Kräuter und Gewürze zugegeben werden, zum Beispiel Chili oder Bärlauch.

Links: Jetzt kann der Bruch in die vorbereiteten Käseformen gefüllt werden.

Rechts: Wenn die Molke abgelaufen ist, nimmt man die Käse aus der Form und wendet ihn.

Unten: Der Käselaib wird fertig bearbeitet.

Ricotta
Der Feine aus Molke

Ricotta ist ein oft verkanntes »Nebenprodukt« – die Molke bleibt beim Käsen übrig und wird häufig einfach weggeschüttet. Dabei ist sie sehr reichhaltig und hat wenig Fett: das macht Ricotta so besonders cremig und lecker.

Zutaten
Süßmolke
Kuh-, Ziegen- oder Schafmilch
Kochsalz
Zitronen- oder Milchsäure

Material
Topf
Lebensmittelthermometer
Gelochte Kelle
Käseformen
(10 cm Durchmesser, 5 cm
Höhe, ca. 400–500 g)

1. Süßmolke aus Kuh-, Ziegen- oder Schafmilch (frisch, unmittelbar nach der Käseherstellung verarbeiten, Säuregrad der Molke > pH 6,45) auf 75 Grad erhitzen. 10 % Kuh-, Ziegen- oder Schafmilch (nicht älter als 12 Stunden) und etwa 1% Kochsalz (auf die Molkemenge bezogen) zugeben.

2. Von der Flüssigkeit 1,5 bis 3 % entnehmen, mit Zitronen- oder Milchsäure (Menge je nach pH-Wert der Säure, nach Herstellerangabe dosieren – Lösung sollte einen pH-Wert von 2,8 bis 3 erreichen) vermischen.

3. Molke-Milch-Gemisch auf 90 Grad erhitzen und 3 bis 5 Minuten auf der Temperatur halten (pH 6,2 bis 6,3).

4. Jetzt den Molke-Säure-Mix zugeben und langsam verteilen. Sobald Eiweißflocken erscheinen, nicht mehr weiterrühren. Molke-Milch-Gemisch jetzt auf 85 Grad 15 bis 20 Minuten warm halten (pH 5,6).

5. Bruch vorsichtig mit einer gelochten Kelle abschöpfen und in Käseformen geben.

6. Ricotta bei Raumtemperatur (ca. 20 Grad) 2 bis 4 Stunden abtropfen lassen (Säuregrad nach dem Abtropfen pH 5,6 bis 5,8), bei 4 bis 6 Grad kühlen.

TIPP – Selbstgemachte Salzlake mit Molke: Für 100 Liter Salzlake nimmt man 10–15 Liter durch ein feines Leinentuch gefilterte Sauer-molke und füllt mit Trinkwasser auf. Durch Zugabe von Milchsäure kann jetzt der pH-Wert eingestellt werden – je nach Käsesorte zwischen 4,9 und 5,4. Die Salzlake sollte immer den gleichen pH-Wert haben wie der Käse, der gesalzen werden soll. Zuletzt wird, je nach Rezept, die entsprechende Menge Salz zugegeben.

TIPP: Ricotta schmeckt am besten in den ersten fünf Tagen nach der Herstellung. Sobald er säuerlich wird, sollte man ihn nicht mehr essen!

Mozzarella
Schnittfester Filatakäse

Einer der beliebtesten Käse der Welt – schmeckt selbst gemacht wirklich intensiv, am besten natürlich mit Büffelmilch. Frisch ist dieser Käse eher fest und gut zu schneiden. Je reifer er wird, desto weicher wird sein Kern und desto intensiver sein Geschmack.

Zutaten
Kuhmilch
Pasta-Filata-Kultur
Kälbermagenlab

Material
Topf
Lebensmittelthermometer
Käseharfe
Messer
Kessel
Schüssel
Eimer oder Beutel
zum Verpacken

1. Kuhmilch (maximal 12 Stunden alt und bei 8 Grad gelagert) bei 63 Grad 30 Minuten erhitzen (Fettgehalt 3,0 %). 1% Pasta-Filata-Kultur auf die entsprechende Milchmenge zugeben, alles 30 bis 60 Minuten bei 35 bis 40 Grad erhitzen (Säuregrad am Ende der Vorreifung pH 6,50–6,55).

2. Die vorgereifte Milch mit Kälbermagenlab (Labstärke 1:15.000, Labmenge pro 100 l 10–14 ml) vermischen, alles 10 bis 15 Minuten bei 35 bis 40 Grad erhitzen, 30 bis 60 Minuten ruhen lassen (Dickungszeit).

3. Jetzt die Gallerte etwa 5 Minuten schneiden (Bruchgröße 1,5–3 cm), den Bruch 10 bis 15 Minuten leicht rühren und dann 4 bis 5 Minuten absinken lassen (Säuregrad nach dem Absinken der Bruchmasse pH 6,40–6,45).

4. Einen Teil der Molke entnehmen, auf 37 bis 42 Grad erhitzen und wieder zur Bruchmasse geben. Jetzt alles 3 bis 8 Stunden ruhen lassen, um das Zusammenwachsen und Säuern der Bruchmasse zu ermöglichen (Säuerungsgrad pH 5,1–5,4).

5. Um den Reifegrad der Bruchmasse zu prüfen, einfach 1 Handvoll Bruchmasse entnehmen, mit 90 Grad heißem Wasser überbrühen und die Masse kneten – sie sollte plastisch sein und sich auseinander ziehen lassen. Dann die ganze Bruchmasse aus dem Behälter nehmen und abtropfen lassen (Säuregrad pH 5,1–5,4).

6. Bruchmasse mit einem Messer zu Schnitzeln (ca. 1–2 cm) zerkleinern, in einen Kessel geben, mit 90 Grad heißem Wasser bedecken und 5 bis 10 Minuten kneten, bis sich eine plastische Masse bildet. Jetzt aus der Masse mit den Händen zum Beispiel die typischen Mozzarellakugeln formen und für 10 Minuten in kaltes Wasser (6 Grad) legen.

7. Kugeln aus dem Wasser nehmen und in Salzlake (10–12 Grad, 14–15 % Salzgehalt, pH 5,2–5,4) legen – je länger die Kugeln in der Lake bleiben, desto salziger wird das Produkt. Zum Verpacken in Eimer oder Beutel mit Salzlake (1–2 % Salzgehalt, Säuregrad pH 5,2–5,4) geben und bei 6 Grad kühlen.

Weichkäse
Typ ›Munster‹

Ein typischer Stinkerkäse, der ursprünglich aus Nordost-Frankreich kommt und besonders oft in Bayern – vom Allgäu bis Niederbayern – gemacht wird. Die Wiesen und die Vegetation in den beiden Regionen garantieren gutes Gelingen.

Zutaten
Kuhmilch
Säurewecker
Rotschmierkultur
Kälbermagenlab

Material
Topf oder Kessel
Lebensmittelthermometer
Käseharfe
Weichkäseformen (12–15 cm Durchmesser, 3,5–5cm Höhe, Käsegewicht 500–700 g)

1. Kuhmilch (maximal 12 Stunden alt und bei 8 Grad gelagert) auf maximal 40 Grad erhitzen (Fettgehalt 3,7–4 %).

2. Für die kalte Vorreifung der Abendmilch Säurewecker (0,2–04 %, mesophile Kultur) zugeben und 12 Stunden bei 10–12 Grad lagern. Morgenmilch zugeben und gesamte Milch bei 33 Grad warm vorreifen (mit Säurewecker 1,5 %, mesophile Kultur), bis ein pH-Wert von 6,00–6,55 erreicht ist. Jetzt Rotschmierkultur (*Brevibacterium linens*, Menge nach Herstellerangabe) zugeben.

3. Kälbermagenlab untermischen (1:10 000, pro 100 l 18–22 ml), alles 12 bis 15 Minuten bei 32 bis 33 Grad erhitzen, dann 60 Minuten ziehen lassen (Dickungszeit).

4. Gallerte mit der Käseharfe 2 bis 5 Minuten schneiden, bis die Bruchkörner 1,5 bis 2 cm groß sind. Alles etwa 1 Stunde ruhen lassen, dabei 2 bis 3 Mal für je 1 Minute mit einer Kelle umrühren.

5. Bruchmasse (pH 6,2–6,3) in Weichkäseformen abfüllen. Käse 3 Stunden bei 26 Grad abtropfen lassen, dann die Raumtemperatur auf 19 bis 20 Grad reduzieren. Käse nach 30 Minuten, nach 3 Stunden, 6 Stunden und 9 Stunden wenden (Säuregrad pH 4,9–5,1).

6. Käse bei Raumtemperatur von 16–18 Grad trocken salzen (Salzgehalt im Käse 1,8–2,5 % NaCl).

7. Käse 1–2 Tage bei 12–13 Grad und 90 % Luftfeuchtigkeit trocknen lassen. Dann bei 14 bis 16 Grad und 95 % Luftfeuchtigkeit 3 Wochen lagern und reifen lassen – dabei alle 2 Tage mit Rotschmierlösung (*Brevibacterium linens*, nach Herstellerangabe) abreiben.

Jachenauer Bergbauernkäse
Nach einem Rezept von Sepp Orterer

Der Schnittkäse ist eine der beliebtesten Käsesorten der Deutschen. Man kann ihn natürlich »einfach so« essen, in Scheiben aufs Brot legen – oder auch zum Beispiel in kleinen Würfel auf Salaten und Suppen servieren.

Zutaten
Frische Kuhmilch
Mesophil-thermophile Kultur
Kälbermagenlab
Salzbad

1. Kuhmilch mit Säurewecker (mesophil-thermophile Kultur, 1g pro 100 l Milch) bei 28 Grad mindestens 30 Minuten ansäuern lassen.

2. Kälbermagenlab (1:15 000, 20 ml pro 100 l Milch) zugeben und alles bei 34 Grad 45 Minuten dicklegen.

Material
Kessel oder Topf
Lebensmittelthermometer
Käseharfe
Bruchnetz (30 cm Durchmesser, ca. 4,5 kg Endgewicht)
Käsebretter

3. Den Bruch mit der Käseharfe schneiden und 20 Minuten rühren, dann etwa 30–40 % der Molke abschöpfen.

4. Bruch im Käsekessel auf 40 Grad nachheizen und weitere 10–15 Minuten rühren, bis die Bruchstücke etwa haselnussgroß und »reiskornfest« sind.

5. Bruch mit der Hand in ein Bruchnetz abschöpfen und 24 Stunden abtropfen lassen, dabei viermal wenden.

6. Käse für 24 Stunden in ein Salzbad legen, dann mindestens 12 Wochen auf Käsebrettern reifen lassen, dabei alle 2 Tage mit leicht gesalzenem Wasser abreiben.

Hartkäse
Typ › Asiago ‹

Hartkäse wird während der Reifung getrocknet – für alle, die keine feuchte Lagerstelle zum Reifen haben, ist dieser Käse besonders gut geeignet. Man braucht allerdings etwas Zeit und Geduld, denn die Reifezeit von Hartkäse liegt bei sechs bis zwölf Monaten.

Zutaten
Kuhmilch
Latto-innesto-Kultur
Kälbermagenlab
Eine Handvoll Salz
Salzlake

Material
Topf oder Kessel
Lebensmittelthermometer
Leinentuch
Abtropftisch
Bergkäseform (Käsegewicht: 8–12 kg)
Gewicht (40 kg)

1. Kuhmilch (maximal 12 Stunden alt, Fettgehalt 2,6–2,7 % – dafür Abendmilch in flachen Wannen bei 10–12 Grad lagern und morgens den Rahm abschöpfen) auf maximal 40 Grad erhitzen. Zur Vorreifung Latto-innesto-Kultur (0,5–1 %) zugeben, auf 33 bis 35 Grad erhitzen, bis ein Säuregrad von pH 6,40–6,50 erreicht ist.

2. Kälbermagenlab (Labstärke 1:15 000, 25 ml pro 100 Liter Milch) zugeben, alles bei 33 bis 35 Grad in 20 bis 25 Minuten dicklegen.

3. Bruch etwa 5 Minuten schneiden, bis eine Bruchkorngröße von 3 bis 5 mm erreicht ist. Dann den Bruch etwa 10 Minuten rühren, alles auf 40 Grad nachwärmen und weitere 10 Minuten rühren. Jetzt alles auf 42 bis 46 Grad erhitzen und noch einmal 20 Minuten rühren. Dann den Bruch ca. 20 Minuten ruhen und sich absetzen lassen (Säuregrad pH 6,40).

4. Bruch in einem Tuch auffangen und zu einer Kugel formen. Bruch im Tuch auf dem Abtropftisch in ca. 5 cm große Stücke schneiden, mit einer Handvoll Salz bestreuen und vermischen. Gesalzenen Bruch in eine Bergkäseform füllen (Käsegewicht 8–12 kg).

5. Käse bei einer Raumtemperatur von 20 Grad 6 bis 8 Stunden mit einem Druck von 40 kg pressen, dabei zum ersten Mal nach 20 Minuten wenden, dann noch weitere 2 bis 3 Mal während der gesamten Pressdauer. Käse aus der Presse nehmen und bei 16 bis 18 Grad kühlen (Säuregrad pH 5,30).

6. Käse für 8 bis 10 Tage in Salzlake legen (Temperatur der Lake 12–14 Grad, Säuregrad pH 5,30, Dichte 17 ° Bé, Salzgehalt im Käse 1,0–1,5 % NaCl).

7. Käse aus der Salzlake nehmen und bei einer Raumtemperatur von 14 Grad und einer Luftfeuchtigkeit von 85 % 6 bis 12 Monate reifen lassen. Dabei alle 2 Tage wenden und bei eventueller Schimmelbildung mit 10%iger Salzlösung abwaschen.

Gereifter Ziegenfrischkäse
Mit Außenschimmel

Dass dieses Rezept aus der Antike bis heute überlebt hat, zeigt, dass es gut sein muss. Da wundert es nicht, dass der Verbrauch an Ziegenkäse ständig steigt. Nicht zuletzt, weil Käse aus Ziegenmilch besonders gesund und leicht verdaulich ist und von fast allen Menschen gut vertragen wird.

Zutaten
Ziegenmilch
Säurewecker
(mesophile Kultur, 1–2 %)
Schimmelkultur
(*Penicillium candidum*)
Kälbermagenlab
Salz
Schimmelkulturlösung

Material
Topf oder Kessel
Lebensmittelthermometer
Messer
Schöpfkelle
Frischkäseformen
(Durchmesser 8–9 cm, 4–5 cm hoch, Käsegewicht 140 g)
Leinentuch
Horden

1. Ziegenmilch (maximal 12 Stunden alt und bei 8 Grad gekühlt, Fettgehalt naturbelassen) auf maximal 40 Grad erhitzen. Säurewecker zugeben und im Sommer bei 21 bis 23 Grad, im Winter bei 22 bis 25 Grad 2 bis 4 Stunden vorreifen lassen (Säuregrad nach dem Vorreifen pH 6,30–6,40).

2. Schimmelkultur (*Penicillium candidum*, Menge nach Herstellerangabe, in abgekochtem, lauwarmem Wasser aufgelöst) zugeben (1/3 in die Milch, 2/3 zum Besprühen der Käse aufheben).

3. Kälbermagenlab (Labstärke 1:15 000, 4–6 ml pro 100 Liter Milch) zugeben (Milch sollte 22 bis 24 Grad warm sein), alles bei einer Raumtemperatur von ca. 20 Grad in einer Stunde gerinnen lassen, dann in 18 bis 36 Stunden dicklegen.

4. Bruch (Säuregrad pH 4,6) bei einer Raumtemperatur von 22 Grad in 10 bis 20 cm große Würfel schneiden und 30 Minuten ruhen lassen, bis die Molke austritt. Bruch mit einer Schöpfkelle in ein Leinentuch geben, bei einer Raumtemperatur von 18 bis 20 Grad 3 bis 8 Stunden abtropfen lassen.

5. Den abgetropften Bruch mit einem Löffel in Frischkäseformen füllen, 12 bis 18 Stunden abtropfen lassen, dabei nach einer Stunde zum ersten Mal wenden. Käse nach der Abtropfzeit wieder wenden und auf einer Seite salzen (Säuregrad pH 4,4–4,6). Käse aus der Form nehmen, auf der zweiten Seite salzen (Salzgehalt im Käse 1–2 %). Jetzt die Käse auf Horden bei 12 bis 15 Grad und einer Luftfeuchtigkeit von 75 bis 85 % 2 bis 3 Tage trocknen.

6. Die getrockneten Käse mit der aufbewahrten Schimmelkulturlösung besprühen und bei 12 bis 13 Grad und einer Luftfeuchtigkeit von 90 % 8 bis 10 Tage reifen lassen.

7. Wenn sich der »Schimmelrasen« auf dem Käse gebildet hat, lässt man sie im Kühlraum bei 6 Grad und einer Luftfeuchtigkeit von 60 bis 70 % noch einmal 4 bis 10 Stunden trocknen.

8. Verpackt und bei 4 bis 6 Grad gekühlt halten sich die gereiften Ziegenfrischkäse maximal 3 Wochen.

Blauschimmelkäse
Typ ›Roquefort‹

Hier ist es die Kunst des Ausreifens, die den Käse so werden lässt, wie wir ihn lieben: kräftig und dennoch süß. Erst braucht er Luft, damit sich der Blauschimmel richtig entfalten kann – dann Zeit, damit sich das Aroma entwickeln kann.

Zutaten

Schafmilch
Säurewecker (mesophile Kultur)
Schimmelkultur
(Penicillium roqueforti)
Kälbermagenlab
Schmierlösung
(Geotrichum candidum)
Grobes Salz

Material

Topf oder Kessel
Lebensmittelthermometer
Messer
Leinentuch
Schnittkäseformen
(Durchmesser 19–20 cm, Höhe
8,5–10 cm, Käsegewicht 2 kg)
Holzbretter
Pikierstab (4 mm Dicke)
Zinnfolie

1. Schafmilch (höchstens 12 Stunden alt, bei 8 bis 10 Grad gekühlt, naturbelassener Fettgehalt) auf maximal 40 Grad erhitzen. Säurewecker (mesophile Kultur mit Gasbildnern, 0,1–0,6 %) zugeben, alles bei 30 bis 33 Grad 20 bis 30 Minuten erhitzen (pH 6,50–6,55).

2. Schimmelkultur *Penicillium roqueforti* (Menge nach Herstellerangabe) untermischen. Kälbermagenlab (Labstärke 1:10.000, 25-35 ml auf 100 l Milch) zugeben und bei 30 bis 33 Grad in 13 bis 17 Minuten gerinnen lassen, dann in 2 bis 2¼ Stunden dicklegen.

3. Dickgelegte Milch etwa 5 Minuten schneiden, bis die Bruchkörner eine Größe von 1,5 bis 3 cm haben. Bruch 20 bis 70 Minuten rühren, dann die Molke-Bruch-Mischung zuerst in ein Leinentuch geben (damit sich die Bruchkörner trennen können), dann den Bruch in Schnittkäseformen füllen.

4. Käse bei einer Raumtemperatur von 18 bis 20 Grad 48 bis 96 Stunden abtropfen lassen. Käse gleich nach dem Abfüllen einmal wenden, dann 3 bis 5 Mal pro Tag wenden. Käse anschließend bei 10 bis 12 Grad 24 Stunden kühlen.

5. Käse aus den Formen nehmen (pH 4,70–4,85) und bei einer Raumtemperatur von 10 bis 15 Grad an 5 bis 6 Tagen 1 bis 2 Mal pro Tag mit grobem Salz trockensalzen (Salzgehalt im Käse 4–5%).

6. Dann die Käse hochkant auf Holzbretter stellen und bei einer Raumtemperatur von 8 bis 10 Grad und einer Luftfeuchtigkeit von 90 bis 95 % 30 Tage reifen lassen, dabei täglich einmal rollen.

7. 10 Tage nach Reifungsbeginn Käse einmal pro Tag mit einer Schmierlösung *(Geotrichum candidum)* einreiben und alle 2 Tage wenden und die entstandene Schmiere abschaben.

8. 20 bis 30 Tage nach Reifungsbeginn die Käse einmal pro Tag mit einem Pikierstab (4 mm Dicke) pikieren, das heißt alle 15 mm mit dem Pikierstab in die Käse stechen. Käse in Zinnfolie verpacken und bei 2 bis 10 Grad 4 bis 12 Monate reifen lassen, dabei alle 2 Tage wenden.

»Schmeck, wenn ich küchle, und iß,
wenn ich dir gib.«

Sprichwort

Quark-Ravioli
Mit Mozzarella

Selbst gemachter Quark-Nudelteig und eine zart schmelzende Käsefüllung – dann kommt alles einfach in die Pfanne und wird rundherum schön knusprig und goldbraun gebraten!

Zutaten für 4 Personen
200 g Mozzarella di Bufala
125 g Quark
125 g Butter
125 g Mehl
Salz
Mehl zum Ausrollen
1 Eiweiß (Größe L)
Pfeffer
Pflanzenöl zum Ausbacken

1. Butter in einem Topf bei kleiner Hitze schmelzen lassen.

2. Geschmolzene Butter in eine Rührschüssel gießen und etwas abkühlen lassen. Quark, Mehl und 2 bis 3 Prisen Salz zugeben, alles gut vermischen und zu einem geschmeidigen Teig verkneten. Teigkugel in Frischhaltefolie wickeln und mindestens 1 Stunde im Kühlschrank ruhen lassen.

3. Dann den Teig auf einer bemehlten Fläche dünn ausrollen und mit einem runden Plätzchen- oder Ravioliausstecher Kreise von etwa 10 cm Durchmesser ausstechen.

4. Den Mozzarella fein würfeln. Die Hälfte der Teigtaler mit Mozzarellawürfelchen belegen, sodass noch rundherum ein Teigrand frei bleibt. Alles kräftig salzen und pfeffern.

5. Eiweiß in einer kleinen Schüssel mit einer Gabel verrühren, Teigränder damit bestreichen. Restliche Teigkreise auf die belegten Teigkreise geben und die Ravioli rundherum mit einer Gabel festdrücken.

6. Pflanzenöl in einer beschichteten Pfanne erhitzen, Quark-Ravioli hineingeben und bei mittlerer Hitze in 5–6 Minuten goldbraun backen, dabei mindestens einmal wenden. Herausnehmen, auf Küchenpapier abtropfen lassen und gleich servieren.

Käseterrine
In Portweingelee

Ein festliches Gericht, das etwas mehr Zeit in der Zubereitung braucht, aber ein optisches und kulinarisches Highlight ist. Wenn Gäste kommen, kann man die Zutaten auch einfach verdoppeln und eine größere Terrine zubereiten. Und zum Aufschneiden immer ein wirkliches scharfes Messer verwenden!

Zutaten für 4 Personen

200 g Mozzarella
200 g Blauschimmelkäse
125 ml weißer Portwein
3 Blatt weiße Gelatine
125 ml Fleischbrühe
Salz
2 Tomaten
1 Bund Basilikum
Pfeffer

1. Gelatine in einer Schüssel mit reichlich kaltem Wasser 5 bis 6 Minuten einweichen.

2. Brühe und Portwein in einem kleinen Topf erhitzen, bis die Flüssigkeit lauwarm ist. Eingeweichte Gelatine gut ausdrücken, zum Brühe-Portwein-Mix geben, alles mit 2 bis 3 Prisen Salz würzen. Flüssigkeit in eine Schüssel gießen und in eine zweite, größere Schüssel mit Eiswürfeln stellen, damit die Flüssigkeit schneller abkühlt.

3. Tomaten waschen, mit einem kleinen, scharfen Messer rundherum wie einen Apfel dünn abschälen. Geschälte Tomaten vierteln, Kerne und Stielansätze entfernen und die Tomatenviertel mit Küchenpapier trockentupfen. Basilikumblättchen (ca. 2 Handvoll) von den Stielen zupfen, waschen und mit Küchenpapier trockentupfen. Beide Käsesorten in dünne Scheibchen schneiden.

4. Eine Terrinenform (am besten aus Ton oder Porzellan) zuerst dünn mit dem Portweingelee ausgießen. Form in den Kühlschrank oder ins Gefrierfach stellen und das Gelee fest werden lassen.

5. Jetzt ein Viertel der Blauschimmelkäsescheibchen und ein Viertel der Tomatenspalten daraufgeben, wieder mit Portwein-Mix bedecken und im Kühlschrank fest werden lassen.

6. Als nächstes ein Viertel der Mozzarellascheibchen und ein Viertel der Basilikumblättchen hineinlegen, wieder mit der Gelatine-Flüssigkeit bedecken und im Kühlschrank fest werden lassen. So weiter verfahren, bis alle Zutaten verbraucht sind.

7. Zum Servieren die Form kurz in heißes Wasser tauchen, trockentupfen, die Ränder mit einem spitzen Messer lösen und alles vorsichtig auf ein Brett stürzen. Terrine quer in Scheiben schneiden und zum Beispiel auf Feldsalat mit Balsamicodressing anrichten.

Käsefondue
Mit Crémant

In der Schweiz hat jeder Laden, der etwas auf sich hält, ein eigenes Fonduerezept. Auch Vater Hofmann war lange auf der Suche nach einem eigenen Rezept – bis er dieses hier entwickelte und das Käsefondue zum »Nationalgericht« der Familie Hofmann wurde.

Zutaten

800 g Käsemischung
(ohne Rinde, grob gewürfelt,
z. B. Bergkäse und sämiger
Schnittkäse)
400 ml Crémant
(französischer Schaumwein)
2 TL Stärkemehl
1 Knoblauchzehe
500 g Baguette

1. Crémant in einen großen Topf geben, einmal aufkochen lassen. Käsemischung zugeben und unter ständigem Rühren bei kleiner Hitze schmelzen lassen.

2. Stärkemehl mit 2 EL kaltem Wasser in einer kleinen Schüssel vermischen, zur Crémant-Käse-Mischung geben, alles gründlich verrühren und einmal aufkochen lassen.

3. Knoblauchzehe schälen, Fonduetopf mit dem Knoblauch einreiben, Käsefonduemischung umfüllen, auf den Fondue-Spirituskocher stellen und warm halten, es darf nicht mehr kochen. Es können auch Teelichter verwendet werden. Je nach Größe des Caquelons bis zu drei Stück.

4. Baguette grob würfeln. Brotstücke auf Fonduegabel spießen, in die Käsemasse tauchen und gleich genießen.

Fonduta
Die echte Piemonteser Käsesauce

Reichhaltig und lecker. Die raffinierte, feine Käsecreme schmeckt wunderbar zu gegartem Gemüse wie grünem und weißem Spargel, zu Brokkoli oder Blumenkohl. Und sie ist ein idealer Begleiter zu frisch gekochten, dampfenden Pellkartoffeln!

Zutaten für 4 Personen
50 g milder Schnittkäse
100 g Sahne
100 ml Milch
20 g Butter
4 Eigelb (Größe M)

1. Den Schnittkäse reiben. Sahne und Milch in einen Topf geben und einmal aufkochen lassen.

2. Käse und Butter zugeben, alles gut vermischen und bei kleiner Hitze unter Rühren schmelzen lassen.

3. Eigelb in einer Schüssel verrühren, den Topf mit der Käsemasse vom Herd ziehen.

4. Eigelb zur Käsemasse geben, alles gut vermischen. Topf wieder auf die Herdplatte stellen und alles unter ständigem Rühren bei kleiner Hitze so lange köcheln lassen, bis die Sauce schön cremig ist.

TIPP: Im Piemont wird Fonduta auch gerne als Nudelsauce zu hausgemachten Tagliatelle serviert.

Crespelli
Mit Rucola-Ricottafüllung

Crespelli sind die eleganten, italienischen Verwandten unserer Pfannkuchen – hier auch noch vollwertig und gesund aus Dinkelvollkornmehl und mit einer schön leichten und luftigen grün-weißen Frischkäsefüllung.

Zutaten für 4 Personen
600 g Ricotta
2 Bund Rucola
125 ml Milch
125 g Dinkelvollkornmehl
3 Eier (M)
6 EL geschmolzene Butter
Salz, Pfeffer, Muskatnuss
Öl zum Ausbacken

1. Milch, Mehl und 125 ml kaltes Wasser in einer Schüssel gründlich verrühren, den Teig mindestens 30 Minuten quellen lassen.

2. Eier in eine zweite Schüssel aufschlagen, mit 4 EL geschmolzener Butter vermischen, alles kräftig mit Salz, Pfeffer und frisch geriebener Muskatnuss würzen. Eiermix zum Dinkelmehlteig geben, alles gut vermischen.

3. Je 1 EL Pflanzenöl in einer beschichten Pfanne erhitzen, je 1 Schöpfkelle Teig zugeben und in 4 bis 5 Minuten bei kleiner Hitze daraus einen Pfannkuchen backen, dabei einmal wenden. Pfannkuchen aus der Pfanne auf einen Teller gleiten lassen. So weiter verfahren, bis der gesamte Teig verbraucht ist.

4. Rucola putzen, waschen, trockenschütteln. Blättchen von den Stielen zupfen und fein hacken. Ricotta in eine Schüssel geben, fein gehackten Rucola zugeben, alles kräftig mit Salz, Pfeffer und frisch geriebener Muskatnuss abschmecken. Backofen auf 150 Grad vorheizen.

5. Je 2 EL Ricottacreme auf einen Pfannkuchen geben, glatt streichen und den Pfannkuchen zusammenrollen. Eine Auflaufform mit der restlichen Butter einfetten. Die gefüllten Pfannkuchenröllchen oder »Crespelli« eng nebeneinander in die Form legen, alles auf der mittleren Schiene im vorgeheizten Backofen 15 bis 20 Minuten backen.

Gebackener Mozzarella
Knuspriger Käse aus der Pfanne

Dieses Gericht bekehrt auch Menschen, die keinen Käse essen, zum Käsegenuss – mehrfach erprobt durch die Familie Hofmann. Je älter der Mozzarella, umso besser schmeckt's! Vegetarier können den Schinken natürlich auch einfach weglassen oder durch ein bis zwei schöne, große Basilikumblättchen ersetzen.

Zutaten für 4 Personen
600 g Mozzarella
Salz, Pfeffer
200 g magerer,
gekochter Schinken
3 Eier (Größe M)
6 EL Mehl
8 EL Paniermehl
4 EL Pflanzenöl
2 EL Butter

1. Mozzarella in ca. 1 cm dicke Scheiben schneiden, zwischen zwei Lagen Küchenpapier legen, mit einem Küchenbrett beschweren und so 6 bis 8 Minuten ziehen lassen, damit die überschüssige Molke abtropfen kann.

2. Dann die Mozzarellascheibchen von beiden Seiten salzen und pfeffern. Schinken in breite Streifen schneiden, jede Mozzarellascheibe mit einem Schinkenstreifen umwickeln.

3. Eier in einem tiefen Teller aufschlagen, mit Salz und Pfeffer würzen und gut verquirlen. Mehl auf einen zweiten tiefen Teller geben, Paniermehl auf einen dritten.

4. Dann die Mozzarellascheibchen zuerst in Mehl, dann in Ei und zuletzt in Paniermehl wenden, Panade mit den Händen leicht andrücken.

5. Öl und Butter in einer großen beschichteten Pfanne erhitzen, panierte Mozzarellascheibchen zugeben und bei mittlerer Hitze in 6 bis 8 Minuten goldbraun braten. Herausnehmen und auf Küchenpapier abtropfen.

TIPP: 4 Tomaten schälen, vierteln, Stielansatz und Kerne entfernen, Fruchtfleisch fein würfeln. Tomatenwürfelchen mit 2 EL fein gehackten Basilikumblättchen und je 1 EL Aceto balsamico und Olivenöl vermischen, mit Salz, Pfeffer und 1 bis 2 Prisen Zucker abschmecken und als Dip zum gebackenen Mozzarella servieren.

Krautpflanzerl
Aus Omas Küche

Schon fast ein bayerisches Kultgericht und auf dem Käsefestival so beliebt, dass sie »Tölzer Krautpflanzerl« genannt werden. Ein fast in Vergessenheit geratenes Rezept. Früher war das Kraut oft der einzige Vitaminlieferant.

Zutaten für 4 Personen
120 g Romadur
200 g Sauerkraut
80 g roher Schinken
2 Schalotten (ca. 80 g)
3 EL Butter
3 EL Pflanzenöl
1 Ei (Größe M)
1 Eigelb (Größe M)
40 g Mehl
Salz, Pfeffer

1. Schinken in kleine Würfel schneiden. Schalotten schälen und fein hacken. 1 EL Butter und 1 EL Pflanzenöl in einer beschichteten Pfanne erhitzen. Schinken- und Schalottenwürfelchen zugeben und unter Rühren bei mittlerer Hitze 4 bis 5 Minuten braten.

2. Käse fein würfeln. Schinken-Schalotten-Mix in eine Schüssel geben. Käse, Sauerkraut, Ei, Eigelb und Mehl zugeben, alles mit Salz und Pfeffer würzen und gründlich vermischen.

3. Mit angefeuchteten Händen aus der Masse kleine Küchlein (»Pflanzerl«) formen. 2 EL Butter und 2 EL Öl in der Pfanne erhitzen, Krautpflanzerl zugeben und bei mittlerer Hitze in 8 bis 10 Minuten knusprig braten, dabei mindestens einmal wenden.

Kartoffeltaschen
Mit Camembert

Kartoffel und Camembert – zwei, die sich gesucht und gefunden haben. Der Innenteig aus Käse belebt die Kartoffeltaschen und ist ein ganz besonderes sensorisches Erlebnis. Und wer mag, kann das Ganze auch noch mit einem Scheibchen Trüffel pro Tascherl zu einem echten »Edelessen« aufpeppen!

Zutaten für 4 Personen
250 g reifer Camembert
400 g mehligkochende Kartoffeln
3 EL Grieß
3 EL Mehl
1 Ei (Größe M)
1 Eiweiß (Größe M)
Salz, Pfeffer, Muskatnuss
Mehl zum Ausrollen
Trüffel (nach Belieben)
4 EL Pflanzenöl

1. Kartoffeln mit Schale in reichlich kochendem Salzwasser garen. Abgießen, etwas ausdampfen und leicht abkühlen lassen. Pellkartoffeln noch warm schälen und durch eine Kartoffelpresse in eine Schüssel drücken.

2. Grieß, Mehl und Ei dazugeben, alles mit Salz, Pfeffer und frisch geriebener Muskatnuss würzen und zu einem festen Teig verkneten. Käse entrinden und in kleine Stücke schneiden.

3. Kartoffelteig auf einer bemehlten Arbeitsplatte etwa ½ cm dick ausrollen und mit einem runden Plätzchenausstecher oder einem Glas Taler von ca. 10 cm Durchmesser ausstechen.

4. Eiweiß in einer kleinen Schüssel verrühren. Jeden Kartoffeltaler zur Hälfte mit Käsestückchen (und nach Belieben zusätzlich mit einem fein gehobelten Trüffelscheibchen) belegen, den Rand rundherum mit Eiweiß bestreichen. Taler längs über der Füllung zusammenklappen, mit einer Gabel den Rand gut andrücken.

5. Öl in einer großen, beschichteten Pfanne erhitzen, Kartoffeltaschen hineingeben und bei mittlerer Hitze in 8 bis 10 Minuten goldbraun braten, dabei mindestens einmal wenden.

TIPP: 1 Becher Sauerrahm mit 1 EL frisch gepresstem Zitronensaft und 4 EL Schnittlauchröllchen vermischen, mit Salz, Pfeffer und 1 Prise Zucker abschmecken und als Dip zu den Kartoffeltaschen servieren.

Allgäuer Kässpätzle
Ein absoluter Klassiker

Wer kennt sie nicht, die »Kasspatzn« – selbst gemacht sind sie am allerbesten. Auch schön: Die Spätzle gleich in 4 kleinere Auflaufformen füllen und so auf Platztellern servieren.

Zutaten für 4 Personen
250 g Bergkäse
50 g Romadur
350 g Mehl
7 Eier (Größe M),
Salz
Muskat
4 Zwiebeln (ca. 350 g)
2 EL Pflanzenöl
2 EL Butter

1. Mehl und Eier mit ½ TL Salz und 3 bis 4 Prisen frisch geriebener Muskatnuss zu einem glatten Teig verrühren und so lange schlagen, bis der Teig Blasen wirft. Spätzleteig mindestens 15 Minuten ruhen lassen.

2. Zwiebeln schälen, längs halbieren und quer in feine Streifen schneiden. Öl in einer beschichteten Pfanne erhitzen, Zwiebelstreifen darin unter Rühren bei mittlerer Hitze goldbraun braten.

3. Bergkäse ohne Rinde reiben, Romadur fein würfeln, Käse vermischen.

4. Reichlich Wasser in einem großen Topf aufkochen lassen, kräftig salzen. Je 1 Schöpfkelle Teig in einen Spätzlehobel geben und den Teig in das kochende Wasser schaben. Alles einmal aufkochen lassen, Spätzle mit einem Sieb herausnehmen und in eine große Schüssel mit kaltem Wasser geben. So weiter verfahren, bis der ganze Teig aufgebraucht ist. Dann die Spätzle in ein Sieb abgießen und abtropfen lassen.

5. Backofen auf 180 Grad vorheizen. Ofenfeste Auflaufform mit der Butter einfetten. Zuerst ein Viertel der Spätzle, dann ein Viertel Käse und ein Viertel der gebratenen Zwiebeln daraufgeben, alles noch einmal kräftig pfeffern. So weiter verfahren, bis alle Zutaten verbraucht sind. Mit einer Schicht Käse abschließen, dann alles auf der mittleren Schiene im vorgeheizten Backofen 15 bis 20 Minuten backen. Herausnehmen und gleich servieren.

TIPP: Alle, die's gern vollwertiger mögen, können auch aus 350 g Dinkelvollkornmehl , 4 Eiern, 200 ml kaltem Wasser und ½ TL Salz einen Spätzleteig herstellen.

Kasnocken
Der Hütten-Klassiker

Ein Kultgericht – einfach gemacht, gut vorzubereiten und unheimlich lecker. Die Kasnocken leben von der Kombination an Käse – trauen Sie sich zu variieren. Auch schön: beim Braten zur Butter ein paar Salbeiblättchen geben oder die Nocken in Portionspfännchen im Backofen zubereiten.

Zutaten für 4 Personen

300 g kräftiger Hartkäse
125 ml Milch
300 g Knödelbrot
(oder in feine Scheibchen
geschnittenes Weißbrot
vom Vortag)
1 Zwiebel (ca. 100 g)
4 EL Petersilienblättchen, fein
gehackt
8 EL Butter
1 EL Pflanzenöl
4 EL Schnittlauchröllchen
2 EL Dill, fein gehackt
1 EL Mehl
3 Eier (Größe M)
Salz, Pfeffer
6 EL Parmigiano, frisch gehobelt

1. Milch leicht erwärmen. Knödelbrot in einer Schüssel mit der Milch übergießen und 5 bis 6 Minuten einweichen lassen.

2. Zwiebel schälen und fein würfeln. 1 EL Butter und 1 EL Öl in einer beschichteten Pfanne erhitzen, Zwiebelwürfelchen und Petersilie zugeben und unter Rühren bei kleiner Hitze 4 bis 5 Minuten andünsten.

3. Käse fein reiben. Gedünsteten Zwiebel-Petersilien-Mix, Käse, Dill, Schnittlauch, Mehl und aufgeschlagene Eier zum eingeweichten Knödelbrot geben, alles kräftig salzen und pfeffern und gründlich vermischen (das geht am besten mit den Händen). Teig abdeckt etwa 1 Stunde durchziehen lassen.

4. In einem großen Topf reichlich Wasser aufkochen lassen, kräftig salzen. Mit einem Esslöffel vom Teig eine kleine Portion abnehmen und mit Hilfe eines zweiten Esslöffels oder mit angefeuchteten Händen ovale Nocken formen und gleich in das nur leicht kochende Wasser legen. So weiter verfahren, bis der ganze Knödelbrotteig aufgebraucht ist.

5. Kasnocken bei kleiner Hitze zugedeckt etwa 15 Minuten ziehen lassen, mit einem Schaumlöffel herausheben, in ein Sieb legen und abtropfen lassen.

6. In einer großen beschichteten Pfanne die restliche Butter erhitzen, abgetropfte Kasnocken zugeben und bei kleiner Hitze 5 bis 6 Minuten hellbraun braten, dabei mindestens einmal wenden. Alles mit frisch gehobeltem Parmigiano bestreuen und gleich servieren.

Tiroler Kaspressknödel
Bergsteigers Lieblingsessen

Was früher ein Arme-Leute-Essen war, ist heute ein vegetarisches Highlight. Und der Mix aus Kartoffeln, Käse, Brot und Kräutern macht selbst Bergfexe, Skifahrer und Alpinisten glücklich und satt.

Zutaten für 4 Personen
100 g gereifter Sauermilchkäse
100 ml Milch
200 g Knödelbrot
(oder in feine Scheibchen geschnittenes Weißbrot vom Vortag)
200 g mehligkochende Kartoffeln
Salz
1 Zwiebel (ca. 100 g)
5 EL Butter
2 EL Petersilie, fein gehackt
2 EL Schnittlauchröllchen
Pfeffer
Butter zum Braten

1. Milch leicht erwärmen. Knödelbrot in eine Schüssel geben, mit der lauwarmen Milch übergießen und abgedeckt 20 bis 30 Minuten durchziehen lassen.

2. Kartoffeln mit Schale in reichlich kochendem Salzwasser garen, abgießen und etwas abkühlen lassen, dann noch warm pellen und durch die Kartoffelpresse zum eingeweichten Knödelbrot in die Schüssel drücken.

3. Zwiebel schälen und fein hacken. 1 EL Butter in einer kleinen, beschichteten Pfanne erhitzen, Zwiebelwürfel darin unter Rühren 4 bis 5 Minuten andünsten.

4. Sauermilchkäse in kleine Stücke schneiden. Angedünstete Zwiebeln, Käse und Kräuter zum Knödel-Kartoffel-Mix geben, alles kräftig salzen, pfeffern und gründlich vermischen.

5. Mit angefeuchteten Händen je eine kleine Portion Teig aus der Schüssel nehmen und zu einem flachen, leicht ovalen Küchlein formen. So weiter verfahren, bis der ganze Teig aufgebraucht ist.

6. Restliche Butter in einer großen, beschichteten Pfanne erhitzen, Kaspressknödel hineingeben und bei mittlerer Hitze in 6 bis 8 Minuten goldbraun braten, dabei mindestens einmal wenden.

Kartoffel-Käse-Püree
Raffiniert französisch

Dieses Rezept kommt ursprünglich aus der Auvergne. Hier wurde die Milch und der Käse einer bestimmten Rinderrasse als Püree zusammen mit einem Steak der gleichen Rinderrasse genossen.

Zutaten für 4 Personen

500 g sehr junger Schnittkäse
1 kg mehligkochende Kartoffeln
Salz
1 Knoblauchzehe
100 g Butter
100 g Crème fraîche
Pfeffer

1. Kartoffeln mit Schale in reichlich kochendem Salzwasser garen. Abgießen, etwas abkühlen lassen, dann noch warm pellen und durch die Kartoffelpresse in einen zweiten Topf drücken.

2. Käse in feine Streifen schneiden. Knoblauchzehe schälen und fein hacken.

3. Crème fraîche, Butter, Käse und Knoblauch zu den warmen Kartoffeln geben, alles gut vermischen und bei kleiner Hitze unter ständigem Rühren köcheln lassen, bis der Käse ganz geschmolzen und das Püree schön cremig ist. Mit Salz und Pfeffer abschmecken und gleich servieren.

TIPP: Das Kartoffel-Käse-Püree mit einem gemischten Salat als kleinen Zwischengang servieren – oder als Beilage zu gebratenem Fleisch oder gegrilltem Gemüse.

SÜSSE SPEISEN

»Es ist besser, zu genießen
und zu bereuen, als zu bereuen,
dass man nicht genossen hat.«

Giovanni Boccaccio

Crème brûlée
Mit Ziegenkäse

Der Dessertklassiker – hier mal mit Ziegenkäse. So bekommt die Crème eine ganz besondere Note, denn das säuerlich-nussige Aroma des Käses passt wunderbar zum knusprigen »Deckel« aus karamellisiertem Zucker.

Zutaten für 4 Personen

125 g halbtrockener Ziegenkäse
375 g Sahne
4 Eigelb (Größe M)
70 g brauner Zucker

1. Sahne in einem Topf bei kleiner Hitze erwärmen. Backofen auf 90 Grad vorheizen.

2. Ziegenkäse in kleine Stücke schneiden, zur Sahne geben, alles gründlich vermischen und den Käse unter Rühren schmelzen lassen.

3. Die Eigelbe in einer kleinen Schüssel verrühren, dann die Masse zum Sahne-Käse-Mix geben, alles gut verrühren und vom Herd nehmen.

4. Sahne-Käse-Ei-Mischung auf 4 ofenfeste Förmchen verteilen. Förmchen auf ein Backblech stellen, alles auf der mittleren Schiene im vorgeheizten Backofen in 50 bis 60 Minuten stocken lassen. Förmchen herausnehmen und abkühlen lassen.

5. Vor dem Anrichten die Crème in den Förmchen mit dem Zucker bestreuen und unter dem Backofengrill goldgelb karamellisieren lassen.

Ricottacreme
Schmeckt nach Sonne und Süden

Diese Nachspeise ist eine Hommage an die weltberühmte sizilianische »Cassata« – nur einfacher und schneller gemacht, aber auf alle Fälle genauso köstlich.

Zutaten für 4 Personen

200 g Ricotta
25 g Orangeat
25 g Zitronat
40 g Zartbitterschokolade (mind. 60 % Kakao)
4 EL gehackte Mandeln
1 Vanillestange
200 g Sahne
70 g Puderzucker
2 cl Pernod (Anisschnaps)
Gehobelte Zartbitterschokolade zum Bestreuen

1. Orangeat, Zitronat und Schokolade fein hacken. Gehackte Mandeln in einer beschichteten Pfanne ohne Fett bei kleiner Hitze hellbraun rösten, abkühlen lassen.

2. Vanillestange mit einer Hand glatt streichen, der Länge nach aufschlitzen und mit einem Messerrücken das Mark herausschaben.

3. Sahne in einer Schüssel mit den Schneebesen des elektrischen Handrührers steif schlagen.

4. Ricotta in eine zweite Schüssel geben, Puderzucker darübersieben. Orangeat, Zitronat, Schoko-lade, geröstete Mandeln, Vanillemark und Pernod zugeben, alles gut verrühren.

5. Die geschlagene Sahne mit der Ricottacreme vermischen, alles abgedeckt im Kühlschrank mindestens 1 Stunde durchziehen lassen. Zum Servieren auf Dessertschälchen verteilen und mit fein gehobelter Zartbitterschokolade bestreut servieren.

Mascarponecreme
Schön limettenfrisch

Eine süße Versuchung für alle Jahreszeiten: Denn mit frischen Früchten der Saison zaubert man immer wieder einen neuen Geschmack ins Glas – von Rhabarber bis Johannisbeeren, von Mango bis Ananas!

Zutaten für 4 Personen
125 g Mascarpone
125 g Sahne
80 g Puderzucker
1 EL fein abgeriebene
Bio-Limettenschale
400 g Früchte
(z. B. Mango, Ananas,
Kiwi oder Früchte der Saison)

1. Mascarpone, Sahne, gesiebten Puderzucker und die Limettenschale in eine Rührschüssel geben, alles mit den Schneebesen des elektrischen Handrührers cremig aufschlagen. Creme abgedeckt für mindestens 1 Stunde im Kühlschrank durchziehen lassen.

2. Früchte schälen und in mundgerechte Stücke schneiden. Mascarponecreme auf Dessertgläser verteilen, Früchte darauf verteilen und gleich servieren.

TIPP: Wenn Sie mit dem Schneebesen per Hand rühren, wird es noch besser, denn dann wird die Creme nicht zu schnell fest und Sie können wunderbar Luft unterheben.

Käsekuchen
Mit Orangensauce

Um den besten Käsekuchen zu machen, muss man Pudding verwenden. Der Pudding macht den Kuchen locker und »fluffig« und rundet die leichte Säure des Quarks ab. Die Orangensauce wird Ihren Gästen Ahs und Ohs entlocken.

Für eine Springform von 26 cm Durchmesser

Für den Teig
125 g Butter
250 g Mehl
1 Ei (Größe M)
90 g Zucker, Salz
Butter zum Einfetten

Für die Füllung
3 Eiweiß (Größe M)
90 g Zucker
500 g Quark
1 EL fein abgeriebene Bio-Zitronenschale
2 EL Zitronensaft, frisch gepresst
1 EL fein abgeriebene Bio-Orangenschale
2 EL Orangensaft, frisch gepresst
25 g Mehl
250 g Vanillepudding (selbst gemacht oder Fertigprodukt)
4 Eigelb (Größe M)

Für die Orangensauce
100 g Zucker
200 ml Orangensaft, frisch gepresst
2 EL Orangenlikör

1. Für den Teig Butter in einem kleinen Topf schmelzen lassen, vom Herd nehmen und etwas abkühlen lassen.

2. Mehl mit dem aufgeschlagenen Ei, Zucker, 1 bis 2 Prisen Salz und der geschmolzenen Butter in eine Schüssel geben, alles mit den Knethaken des elektrischen Handrührers zu einem geschmeidigen Teig verkneten. Teig zu einer Kugel formen, in Klarsichtfolie wickeln und im Kühlschrank mindestens 2 bis 3 Stunden ruhen lassen.

3. Für die Füllung Eiweiß mit 20 g Zucker in eine Rührschüssel geben, alles mit den Schneebesen des elektrischen Handrührers steif schlagen und beiseite stellen.

4. Teig aus dem Kühlschrank nehmen. Quark mit dem restlichen Zucker, Zitronenschale, Zitronensaft, Orangenschale, Orangensaft, Mehl, Vanillepudding und Eigelb in eine Schüssel geben, alles gründlich vermischen. Dann das steif geschlagene Eiweiß unterheben. Backofen auf 180 Grad vorheizen.

5. Teig zwischen zwei Lagen Klarsichtfolie rund ausrollen, sodass der Kreis größer ist als die Springform. Springform mit 1 EL Butter rundherum einfetten, mit dem Kuchenteig auslegen, rundherum mit den Händen einen etwa 1,5 cm hohen Rand formen.

6. Quarkfüllung auf dem Teigboden verteilen und glatt streichen. Alles auf der mittleren Schiene im vorgeheizten Backofen bei 180 Grad zunächst 30 Minuten backen. Dann den Ofen auf 150 Grad runterschalten und den Kuchen weitere 40 bis 45 Minuten backen. Form aus dem Ofen nehmen, alles abkühlen lassen. Dann mit einem spitzen Messer den Kuchen vom Springformrand lösen, bevor dieser entfernt werden kann.

7. Für die Sauce Zucker mit 3 EL Wasser in einem Topf vermischen und bei kleiner Hitze goldbraun karamellisieren lassen. Orangensaft und Orangenlikör zugeben, alles bei kleiner Hitze köcheln lassen, bis die Sauce dickflüssig ist. Vom Herd nehmen, abkühlen lassen und in eine kleine Karaffe füllen. Käsekuchen mit der Orangensauce servieren.

Topfenknödel
Mit abgerösteten Semmelbröseln

Süßes zum Sattessen: Da hat die alpenländische Küche einiges zu bieten! Die samtig-weichen Bällchen aus Quark und Brot sind genau das richtige Essen für kalte Wintertage – und mit etwas Zimt bestreut auch schön für die Vorweihnachtszeit.

Zutaten für 4 Personen

280 g Quark (Topfen)
50 g Zucker
80 g Butter
1 Ei (Größe M)
1 Eigelb (Größe M)
Salz
1 EL fein abgeriebene
Bio-Zitronenschale
100 g entrindetes, gewürfeltes
Weißbrot (vom Vortag)
5–6 EL Semmelbrösel
(Paniermehl)

1. 30 g Butter, 30 g Zucker, 1 bis 2 Prisen Salz, Zitronenschale, Ei und Eigelb in eine Schüssel geben und mit den Schneebesen des elektrischen Handrührers schaumig schlagen.

2. Topfen und Weißbrotwürfel unter die Masse heben (falls der Teig zu dünnflüssig ist, noch 1 bis 2 EL Semmelbrösel zugeben). Teig abgedeckt mindestens eine Stunde ruhen lassen.

3. In einem großen Topf reichlich Wasser mit 1 bis 2 Prisen Salz erhitzen. Mit angefeuchteten Händen etwa tennisballgroße Knödel aus dem Teig formen, in das kochende Salzwasser geben und bei kleiner Hitze 10 bis 12 Minuten ziehen lassen.

4. 50 g Butter in einer beschichteten Pfanne schmelzen lassen, 20 g Zucker und 4 EL Semmelbrösel zugeben. Alles gut vermischen und bei kleiner Hitze hellbraun rösten.

5. Topfenknödel mit einer Schaumkelle aus dem Wasser nehmen, auf eine Servierplatte geben und mit den abgerösteten Semmelbröseln bestreuen und gleich servieren.

Schmalznudeln
Bayerische Kirchweih-Klassiker

Zugegeben: Bis man das Auseinanderziehen des Hefeteigs so richtig beherrscht, braucht man schon ein bisschen Übung. Dafür ist dann die Freude beim Essen der in feinem Butterschmalz ausgebackenen Küchlein umso größer!

Zutaten für 12 Stück

500 g Mehl
20 g Hefe
200 ml Vollmilch
20 g Zucker
75 g Butter
Salz
1 EL fein abgeriebene
Bio-Zitronenschale
1 Ei (M)
Mehl und Butter zum Formen
750 g Butterschmalz
zum Ausbacken
Puderzucker

1. Mehl in eine Schüssel geben, in die Mitte eine Mulde drücken. Hefe zerbröckeln, mit 2 EL lauwarmer Milch und 1 TL Zucker in die Mulde geben und alles leicht vermischen. Schüssel mit einem sauberen Tuch abdecken und den Vorteig an einem warmen, zugfreien Ort etwa 30 Minuten gehen lassen.

2. Restliche Milch leicht erwärmen, 50 g Butter zugeben und darin schmelzen lassen. Vorteig mit der Milch-Butter-Mischung, dem restlichen Zucker, 1 Prise Salz, der abgeriebenen Zitronenschale und dem Ei vermischen, dann mit den Knethaken des elektrischen Handrührers gründlich verrühren, bis der Teig Blasen wirft.

3. Teig noch einmal abgedeckt 45 bis 60 Minuten gehen lassen, bis er sich etwa verdoppelt hat.

4. Teig auf eine bemehlte Arbeitsfläche geben, in 12 gleich große Stücke teilen, jedes Stück mit bemehlten Händen zu einer Kugel formen. Teigkugeln mit der restlichen zerlassenen Butter bestreichen und auf der Arbeitsfläche abgedeckt noch einmal 15 Minuten gehen lassen.

5. Butterschmalz in einem großen Bratentopf erhitzen. Fingerspitzen mit etwas Butter einfetten, eine Teigkugel in der Mitte eindrücken, dann am Rand rundherum mit beiden Händen auseinanderziehen, bis sich in der Mitte eine dünne Stelle bildet.

6. Jetzt die auseinandergezogene Teigkugel in das heiße Butterschmalz gleiten lassen, mit einer Schöpfkelle 1 bis 2 Mal heißes Fett darüber gießen, bis sich der Teig aufbläht und in der dünnen Mitte Blasen bildet. Schmalznudel einmal wenden und backen, bis sie schön goldbraun sind.

7. Herausnehmen, auf Küchenkrepp abtropfen lassen und mit Puderzucker bestreuen. So weiter verfahren, bis alle Schmalznudeln ausgebacken sind.

»Eine Mahlzeit ohne Käse ist wie eine
schöne Frau mit nur einem Auge.«

Jean Anthèlme Brillat-Savarin

Brot und Käse

Zum Käse sollte man immer Brotsorten servieren, die durch ihren gegensätzlichen Geschmack das Aroma der jeweiligen Sorte »heben«, also:

- Baguette zu säurebetonten Käsesorten
- Mischbrot und Wallnussbrot zu Weichkäse mit Außenschimmel
- Vollkornbrot und Roggenbrot zu Käse mit gewaschener Rinde und zu festem Käse
- Früchtebrot und Rosinenbrötchen zu Käse mit Innenschimmel

»Chutneys, fruchtige Saucen und Gelees sind beliebte Begleiter für viele Käsesorten – zum Beispiel Trüffelhonig zu frischem Ziegenkäse, Quittengelee und Marillenchutney zu halbfestem Ziegenkäse oder Birnensenfsauce zu Blauschimmelkäse.«

Für den Käsegang innerhalb eines Menüs rechnet man mit 50 bis 80 g Käse pro Person. Als Hauptgang benötigt man etwa 250 g pro Kopf – und bei Raclette, Käsefondue und Vacherin sollte man 200 g Käse für jeden Gast berechnen.

Gemischte Käseplatte

Für 4 Personen verschiedene Käsesorten (von mild bis kräftig, zum Beispiel Ziegenkäse, Bauernkäse, Camembert, Romadur und Blauschimmelkäse) auf einer großen Platte in der oben beschriebenen Reihenfolge anrichten und dazu einen Korb mit verschiedenen Brotsorten servieren.

Käse für die Käseplatte sollte natürlich immer ausgepackt und am besten auf einem großen Holzbrett oder einer Steinplatte angerichtet werden. Alle Käsesorten sollten den richtigen Reifegrad haben und bereits 45 Minuten vor dem Servieren aus dem Kühlschrank genommen werden, damit sie bei einer Temperatur von ca. 16 bis 18 Grad auch ihr volles Aroma entfalten können. Für den optimalen Käsegenuss ist es auch wichtig, in welcher Reihenfolge die Käse gegessen werden. Man kann die Käse im Uhrzeigersinn anordnen und beginnt mit frischen, säurebetonten Käsen aus Kuh-, Schaf- und Ziegenmilch, dann folgen eher »dezente« Schnittkäse aus gepresstem Teig und Hartkäse mit nach gewärmtem und gepresstem Teig aus Kuh- und Schafmilch. Anschließend kommen die leicht pilzartigen Weichkäse mit Außenschimmel, danach die duftenden Käse mit gewaschener Rinde. Zum Schluss isst man pikant-süßliche Käse mit Innenschimmel. Die meisten Käsegenießer schätzen es, wenn jeder Käse mit einem Namensetikett versehen ist – so weiß man nämlich gleich, wie der neue Lieblingskäse heißt!

Noch ein Tipp: Wenn Käse durch die Reifung ihren typischen Geschmack verstärken oder ändern, kann sich die Reihenfolge auch ändern – dann kommen zum Beispiel sehr ausgereifte Ziegenkäse erst vor dem Blauschimmelkäse!«

Ziegenkäse mit Kirschkonfitüre

Für 4 Personen von 200 g halbfestem Ziegenkäse die Rinde entfernen, dann den Käse längs in feine Spalten schneiden. Käsespalten mit je einen großen Klecks Süßkirschen-Konfitüre auf Desserttellern anrichten und mit Baguette servieren.

Süß-scharfer Preiselbeer-Dip

Ganz schnell gemacht und köstlich: Einfach 4 EL Preiselbeeren aus dem Glas mit 2 TL Dijon-Senf, 1 EL frisch gepresstem Orangensaft, 1 Spritzer Zitronensaft und 1 TL Puderzucker in einer kleinen Schüssel vermischen und zur Käseplatte servieren.

Frisée-Rucola-Salat
Mit gebackenem Ziegenfrischkäse

Mittelmeer-Snack für Feinschmecker: der warme, leicht geschmolzene und hellbraun überbackene Ziegenkäse auf frischem Baguette – und dazu knackiger Salat mit feiner Walnussöl-Marinade.

Zutaten für 4 Personen

1 EL Pfefferkörner
2 EL Olivenöl
4 kleine, halb getrocknete Ziegenfrischkäse (à ca. 60–80 g)
½ Kopf Friséesalat
4 Handvoll Rucolablättchen
8 Baguettescheiben
5 EL Walnussöl
2 EL Weißweinessig
1–2 EL Zitronensaft
Salz
Pfeffer
1–2 Prisen Zucker

1. Pfefferkörner grob zerdrücken oder hacken und mit dem Olivenöl in einer kleinen Schüssel vermischen. Die kleinen, halb getrockneten Ziegenfrischkäse quer halbieren, zum Pfefferöl geben, zugedeckt für mindestens 2 Stunden im Kühlschrank durchziehen lassen.

2. Den Friseesalat und die Rucolablättchen putzen, waschen und trockenschleudern. Die Baguettescheiben in einer beschichteten Pfanne ohne Öl leicht anrösten. Backofengrill vorheizen.

3. Das Walnussöl mit dem Weißweinessig und dem Zitronensaft in einer Schüssel gründlich verrühren, mit Salz, Pfeffer und Zucker abschmecken. Salat zur Vinaigrette geben, alles gründlich durchmischen und auf vier Teller verteilen.

4. Ziegenfrischkäsescheiben nochmals in der Marinade wenden und je ein Stück auf eine Baguettescheibe geben. Die Baguettescheiben auf ein mit Backpapier ausgelegtes Backblech legen und unter dem vorgeheizten Backofengrill in ca. 5 bis 6 Minuten hellbraun überbacken. Baguettescheiben mit dem überbackenen Ziegenkäse auf dem Salat anrichten und warm servieren.

Getränke und Käse

Das passende Getränk zum Käse ist natürlich in erster Linie Geschmacksache: alkoholfrei von Wasser über Milch bis zu Tee und natürlich eine große Auswahl alkoholischer Getränke. So schmeckt Bier am besten zu salzhaltigen Käsen mit wenig Säure, Cidre und Whisky zu Käsen mit gewaschener Rinde oder erhöhtem Rotschmierkulturanteil, Portwein und Sherry (nicht zu trocken) zu sehr alten und zu nicht sehr salzigen Käsesorten mit Innenschimmel sowie frischem Ziegenkäse, und Schnaps nach warmen Käsegerichten wie Fondue. Und wer Lust hat, einmal etwas Neues zu probieren, sollte auch mal Premium Sake zu Käse trinken – denn gerade im Zusammenspiel mit Käse wird der japanische Reiswein deutlich fruchtiger und vielschichtiger!

Käse und Bier

Auch wenn es auf den ersten Blick ungewöhnlich klingen mag, auch mit Bier lässt sich Käse wunderbar kombinieren. Biersommelière Sandra Ganzenmüller hat dafür wertvolle Tipps:
- Zum Pils passt Frischkäse, Sauermilchkäse, junger Camembert oder Brie am besten.
- Milde Weichkäsesorten lassen sich gut mit Hellem oder Lager kombinieren.
- Zum Weizenbier schmecken milde, junge Käsesorten wie Mozzarella oder Sauermilchkäse.
- Schafkäse und intensive Blauschimmelkäse, wie Gorgonzola, harmonieren mit hellem Bock wunderbar.
- Schwarzbier und nussige Käsesorten, wie Bergkäse mit Walnüssen, sind ein geschmackliches Highlight.

Käse und Wein

Käse und Wein sollten sich unterstützen und nicht versuchen, einander geschmacklich zu »übertreffen«. Deshalb ist es gut, wenn man bei der Weinauswahl ein paar Regeln beachtet:

- Junge, trockene Weißweine mit frischer Säure zu Frisch-, Ziegen- und Schafkäse
- Kräftige Rotweine und »große«, oft im Barrique ausgebaute, trockene Weißweine passen zu Käse mit gewaschener Rinde und Außenschimmel (zum Beispiel Camembert)
- Fruchtige, nicht zu kräftige Rotweine und würzige, reife Weißweine passen zu Käse mit gepresstem und nachgewärmtem Teig (Hartkäse) und gepresstem Teig (Schnittkäse)
- Edelsüße Weine und Portweine mit großer Süße und Frucht wie edelsüße Auslesen, Trockenbeerauslesen oder Eiswein passen besonders gut zu Käse mit Innenschimmel
- Weißweine mit wenig Säure oder halbtrocken passen am besten zu Käse mit gewaschener Rinde.

Unten: Zu jedem Käse gibt es einen passenden Wein. Bei der Auswahl sollte man ein paar Regeln beachten.

Käsegebäck
Die ideale Begleitung zum Aperitif

Plätzchen mal würzig und deftig: Die schnell gemachten, knusprigen Käsetaler schmecken auch Gästen – zum Beispiel bei einer kleinen Küchen-Weinprobe.

Zutaten
200 g Camembert
500 g Mehl
100 g Butter
2 Eigelb (Größe L)
120 ml kaltes Wasser
Salz
Pfeffer
Muskatnuss

1. Den Backofen auf 170 Grad vorheizen. Für ca. 40 Käseplätzchen zunächst die Rinde des Camemberts entfernen, dann den Käse in eine Schüssel geben und mit einer Gabel zerdrücken.

2. Das Mehl und die fein gewürfelte, kalte Butter dazugeben, alles gut verkneten. Das Eigelb und das kalte Wasser untermischen, alles kräftig mit Salz, Pfeffer und frisch geriebener Muskatnuss würzen und noch einmal gut verkneten.

3. Teig ca. 1 cm dick ausrollen, mit einem runden Ausstecher (5 cm Durchmesser) Kreise ausstechen, Teigkreise auf ein mit Backpapier ausgelegtes Blech legen. Alles im vorgeheizten Backofen auf der mittleren Schiene in 25 bis 30 Minuten hellbraun backen, herausnehmen, abkühlen lassen.

Kräuter und Käse

Gerade Frischkäse – ob aus Kuh-, Ziegen- oder Schafmilch – schmecken als Zubereitung mit frischen Kräutern besonders gut. Am besten einfach verschiedene Mischungen testen und zum Beispiel mal mit Honig, frisch gepresstem Orangensaft, Chilipulver, Kreuzkümmel oder mit fein gehacktem Knoblauch und Ingwer abschmecken. Besonders raffiniert: Käsecreme mit selbst gesammelten Wildkräutern, zum Beispiel Löwenzahnblättern, wildem

Schnittlauch, Schafgarbe oder Gänseblümchen. Wichtig dabei: Die Kräuter sollten nicht von gedüngten Feldern stammen – und wer beim Sammeln unsicher ist, sollte einfach ein Kräuterbestimmungsbuch mitnehmen!

Unten: **Für ihren »Tölzer-Kasladen-Frischkäse« nimmt Susanne Hofmann nur frische Kräuter vom Viktualienmarkt.**

»Für den Original ›Tölzer-Kasladen-Frischkäs‹ einfach 200 g Frischkäse mit je 2 EL fein gehackten Basilikum-, Dill- und Petersilienblättchen und je 1 EL ebenfalls fein gehackten Estragon-, Liebstöckel-, Borretsch- und Pimpernellblättchen vermischen und alles mit einem Spritzer frisch gepresstem Zitronensaft und Salz abschmecken!«

Ziegenkäse auf provenzalische Art

Für 4 Personen 100 g Ziegenfrischkäse in einer Schüssel mit 2 EL Olivenöl und 2 EL fein gehackten Schalotten verrühren, kräftig mit Salz, Pfeffer und edelsüßem Paprikapulver würzen, alles noch einmal gründlich mit einer Gabel vermischen. Weitere 100 g Ziegenfrischkäse in einer zweiten Schüssel mit 2 EL Olivenöl, 2 EL fein gehackten Schalotten und je 1 EL fein gehackten Majoran-, Salbei- und Thymianblättchen vermischen, mit Salz, Pfeffer und 1 EL Zitronensaft abschmecken.

Auch schön: Ziegenfrischkäse mit Frühlingszwiebelringen und fein gehackten Basilikumblättchen vermischen, mit Orangen- und Zitronensaft, Salz und Cayennepfeffer abschmecken.

Buchweizencrêpes mit Kräutern und Camembert

Zutaten für 4 Personen
300 g Camembert, 100 g Buchweizenmehl (a. d. Bioladen), 1 Ei (Größe M), 2 Prisen Salz, 200 ml kaltes Wasser, Butter, Kräuter (Rosmarin, Thymian, Oregano, Salbei usw.)

1. Buchweizenmehl, Ei, Salz und kaltes Wasser in einer Schüssel mit einem Schneebesen gründlich verrühren, für 1 Stunde zugedeckt ruhen lassen.

2. Backofen auf 100 Grad vorheizen. Teig nochmals durchrühren. Butter in einer kleinen beschichteten Pfanne (ca. 16 cm Durchmesser) erhitzen (pro Crêpe je 1 EL), nach und nach 8 Crêpes ausbacken (pro Crêpe ca. 3 Minuten, dabei einmal wenden).

3. Mit einem scharfen Messer vom Camembert die Rinde entfernen, Käse quer in feine Scheibchen schneiden. Je 3 Scheibchen (ca. 30 g) Käse auf ein Crêpe geben, mit je 1 EL gemischten, fein gehackten Kräutern (zum Beispiel Rosmarin, Thymian, Oregano, Salbei) bestreuen, leicht salzen, dann pfeffern und zusammenklappen.

4. Gefüllte Crêpes auf ein mit Backpapier ausgelegtes Backblech legen, für 3 bis 4 Minuten auf der mittleren Schiene in den vorgeheizten Ofen geben, bis der Käse geschmolzen ist. Herausnehmen und gleich servieren.

Unten: Gerade Frischkäse schmeckt mit frischen Kräutern verfeinert besonders lecker.

Kürbis-Käse-Suppe mit Thymian

Zutaten für 4 Personen

800 g Kürbisfruchtfleisch oder Hokkaido-Kürbis ohne Kerne,
1 Zwiebel (100 g), 1 Knoblauchzehe, 2 EL Olivenöl, 3 Thymianzweige, 750 ml Gemüsebrühe, 150 g Sahne, 150 g fein gewürfel-
ter Camembert, 1–2 EL Zitronensaft, 1–2 EL Rotweinessig,
1–2 EL Weißweinessig, Salz, Cayennepfeffer, Muskatnuss,
frisch gerieben

1. Kürbisfruchtfleisch in circa 2 cm große Würfel schneiden. Zwie-
bel und Knoblauchzehe schälen und fein würfeln. Olivenöl in einem Topf erhitzen. Zwiebeln und Knoblauch kurz darin andünsten. Kürbiswürfel hinzugeben. Alles unter Rühren zwei bis drei
Minuten weiterdünsten.

2. Gemüsebrühe angießen und alles zugedeckt 20 Minuten
köcheln lassen. Thymianzweige entfernen, Suppe mit dem
elektrischen Schneidestab fein pürieren.

3. Camembert ohne Rinde fein würfeln. Sahne und Camembert
zur Suppe geben, kurz schmelzen lassen und alles nochmals fein
pürieren. Suppe mit Zitronensaft, Rotwein- und Weißweinessig,
Salz, Pfeffer und Muskatnuss abschmecken und heiß servieren.
Dazu passt frisches Brot.

Kartoffeln und Käse

Statt Brot mal Kartoffeln zum Käse (ideal auch für alle Käsegenie-ßer, die eine Glutenunverträglichkeit haben): Wie wär's mit »alten« Sorten, die noch so richtig nach Kartoffeln schmecken – zum Bei-spiel »Bamberger Hörnchen«, »Angeliter Tannenzapfen« und »Larat-te«? Oder als zusätzlichen Augenschmaus mal mit ›bunten‹ Kartof-feln wie »Blaue Elise« oder »Rote Emma«?

»Meine schnellstes Kartoffel-Käse-Rezept: Neue, kleine Bio-Kartoffeln gründlich waschen, in kochendem Wasser mit gro-bem Meersalz garen, abgießen, etwas ausdampfen lassen und dann gleich mit Schale zur ›kleinen Käsepfanne‹ (verschiede-ne Käsesorten – was man gerade so im Kühlschrank hat, aber ohne Rinde – in einer ofenfesten Pfanne bei kleiner Hitze im Backofen geschmolzen) servieren!«

Pellkartoffeln mit Romadur

Für 4 Personen 1 kg festkochende Kartoffeln waschen, in kochen-dem Salzwasser bissfest garen, kurz abkühlen lassen, pellen. Romadur in Scheiben schneiden, mit heißen Kartoffeln, Salz und Pfeffer anrichten.

Kartoffelsalat mit Cidre und Camembert

Für 4 Personen 600 g festkochende, mit der Schale gegarte und abgekühlte Kartoffeln pellen, quer in ca. ½ cm dicke Scheibchen schneiden und in eine Schüssel geben. 100 ml Cidre (herb) und 4 EL Olivenöl in einem kleinen Topf erhitzen, über die Kartoffeln geben, alles gut vermischen. Von einem Stück Camembert (ca.

120 g) die Rinde entfernen, weiche Käsemasse in kleine Würfel schneiden und zu den warmen Kartoffeln geben. Alles kräftig mit Salz und Pfeffer würzen, gründlich vermischen und mit Schnitt-lauchröllchen bestreut servieren.

Für ein »Käse-Blitz-Fondue« einfach einen Vacherin Mont d'Or im auf 200 Grad vorgeheizten Backofen auf der mittleren Schiene in etwa 20 bis 25 Minuten schmelzen lassen. Käse in der Schachtel und dazu eine Schüssel Pellkartoffeln auf den Tisch stellen – fertig!

Links: Bio-Hokkaido-Kürbisse kann man mit Schale verwenden.
Rechts: Ein kulinarischer Genuss: Kartoffeln oder »Erdäpfel« und Käse passen bestens zusammen.

Ein Forum für handwerklich produzierten Käse

2009 haben Susanne und Wolfgang Hofmann das Tölzer Käsefestival als Forum für handwerklich hergestellte Käse ins Leben gerufen. Seitdem gibt es regelmäßig an einem langen Wochenende im Frühsommer für Verbraucher, Produzenten und Händler im oberbayerischen Bad Tölz die Möglichkeit, handwerklich hergestellten Käse zu präsentieren, zu kosten und zu kaufen.

Das Festival lädt nicht nur Käse-Liebhaber ein, sondern alle Genussmenschen, Feinschmecker und Gourmets, die genau wissen möchten, welche Lebensmittel sie mit gutem Gefühl genießen können.

Unten: **Auf dem »Tölzer Käsefestival« können die Besucher beim Käsemachen hautnah dabei sein.**

Auf geschmackvolle und unterhaltsame Weise werden den Besuchern im Zeichen der Nachhaltigkeit die Vorteile der regionalen Herstellung von Lebensmitteln oder der Direktvermarktung nahegebracht.

Susanne Hofmann:
»Das ›Kulturgut Käse‹ ist ein wertvolles Lebensmittel, das wir auf unserem Festival hautnah und zum Erleben präsentieren möchten. Wir wünschen uns, dass die Verbraucher so die ökologische Produktion mit artgerechter Tierhaltung und die hohe Qualität dieser Käse besser wertschätzen können!«

Der Käsemarkt mit Ausstellungen, Verkostungen, Vorträgen, Führungen und einem kulinarischen und kulturellen Rahmenprogramm bietet die Möglichkeit, hochwertige Käsesorten aus

Dorfkäserein, Klosterkäsereien, von Bauernhöfen, Schäfern und Sennereien kennenzulernen. Ausgewählte Käsehersteller aus ganz Europa präsentieren ihre individuellen Produkte. Und viele der hier angebotenen Käse werden in den Reiferäumen des Tölzer Kasladens veredelt.

Transparenz heißt das Motto, damit die Besucher wieder mehr Vertrauen in Lebensmittel, Zutaten und Produzenten entwickeln. In verschiedenen Vorführungen können die Besucher sehen oder sogar selbst lernen, wie handwerklich hergestellter Käse gemacht wird und können dann den Geschmack des wertvollen Käses genießen.

Die Geschwister Hofmann möchten mit ihrer Initiative vor allem die Milchbauern der Region dazu ermutigen, neue Wege zu gehen und selbst wieder auf den Höfen handwerklich produzierte Käse herzustellen. Deshalb gibt es auch eine enge Zusammenarbeit mit dem Verband für handwerkliche Milchverarbeitung im ökologischen Landbau e. V. (VHM).

Susanne Hofmann:
»Ein wichtiges Ziel unseres Festivals ist es, das jahrhunderte-alte Wissen zum Thema Käse zu erhalten und mit Freude weiterzugeben!«

Mittlerweile gehört das Käsefestival zum unverzichtbaren Bestandteil des Veranstaltungskalenders von Bad Tölz, gilt bei Fachleuten als Schaufenster in die Zukunft der Branche und wird von Ausstellern und Besuchern als idealer Treffpunkt für die spannende Begegnung zwischen produzierenden und genießenden Menschen geschätzt.

Außerdem live zu erleben: vom Aussterben bedrohte Tierrassen, landwirtschaftliche Oldtimer-Maschinen und eine kräuterpädagogische Führung unter dem Motto »Essen von der Wiese«.

Unten: Der Käsemarkt auf dem Festival zeigt die Vielfalt handwerklich produzierter Käsesorten.

»Wie soll ich ein Land regieren, in dem es
mehr Käsesorten als Tage im Jahr gibt?«

Charles de Gaulle

Wer Milch will, sollte sich nicht auf einen Schemel
in der Mitte des Feldes setzen, in der Hoffnung,
dass sich die Kuh zu ihm begeben wird …

DAS ALTER ZÄHLT NICHT –
ES SEI DENN, MAN IST EIN KÄSE…

Wenn die Hirten sich streiten,
merkt man es dem Käse an…

EIN NACHTISCH OHNE KÄSE GLEICHT EINER SCHÖNEN, DER EIN AUGE FEHLT.

Bescheiden ist, wer sich den Käse mit den
größten Löchern nimmt…

KÄSE MACHT ERST GESCHICKT DIE ZUNGE,
WEIN ZU SCHMECKEN!

Ohne Blumen, ohne Träume,
ohne schöne Purzelbäume, ohne Käse,
ohne Speck, hat das Leben keinen Zweck!

Der Mensch lebt nicht vom Brot allein, es
muss auch einmal Käse sein!

MAN MUSS MIT DEM KÄSE KOCHEN, NICHT MIT DEN LÖCHERN DARIN.

Käse schließt den Magen.

Glossar

à point oder »auf den Punkt«: Zeitpunkt, an dem der Käse seinen optimalen Reifegrad erreicht hat

Affineur: Spezialist für die Pflege und Reifung von Käse

Artisanal oder »handwerklich«: Bei Käse mit diesem Gütesiegel werden die wichtigsten Arbeitsschritte von Hand ausgeführt

Bleu oder »blau«: Die Bezeichnung für Blauschimmelkäse

Bruchmasse: Die festen Bestandteile der Milch, die sich bei der Gerinnung von den flüssigen trennen

Bruchkorn: Erhält man, wenn die Bruchmasse geschnitten und gerührt wird

Casein: Der für die Käseherstellung wichtigste der drei im Käseeiweiß enthaltenen Eiweißstoffe

Cheddaring: Der Bruch wird entmolkt und leicht vorgepresst, dann werden die Bruchstücke klein gehäckselt, gesalzen und in Formen gegeben

Cendré oder »geascht«: Mit pulverisierter und aufbereiteter Holzkohle bestreute Käse, meist Ziegenkäse

Dicklegen: Milch durch Lab oder Milchsäure zum Gerinnen bringen – auch Milch, die man bei Zimmertemperatur etwa 10 Stunden stehen lässt, wird »dick«, das heißt, der Milchzucker wird in Milchsäure umgewandelt, die ein Ausflocken des Milcheiweißes (Casein) bewirkt und so die Milch »dicklegt«

Dorfkäsereien: Handwerklich arbeitende Betriebe, die nur die Milch bestimmter Bauernhöfe aus einem kleinen Umkreis verarbeiten

Filata-Käse: Alle Käse, deren Bruch mit heißem Wasser übergossen und anschließend geknetet wird

Frischkäse: Alle Käse, die man bereits unmittelbar nach der Herstellung verzehren kann und die keine weitere Reifezeit mehr benötigen

Fromelier/Fromelière: Die von Susanne und Wolfgang Hofmann entwickelte, erste Fachausbildung in Europa zum zertifizierten Käseexperten

Gallerte: Andere Bezeichnung für den Bruch, also die festen Bestandteile der Milch nach dem Dicklegen

Kälberlab: Das meistverwendete Lab für die traditionelle Käseherstellung – es enthält die Enzyme Chymosin und Pepsin und ist für die Gerinnung der Milch verantwortlich

Käsebohrer: Prüfgerät, mit dem man bei Hartkäse Proben entnehmen kann, um die Reife und Qualität zu beurteilen

Käseflora: Gesamtheit der Mikroorganismen, die in der Milch enthalten sind und die Herstellung und Reifung des Käses beeinflussen

Käseharfe: Spezialgerät, um die dickgelegte Milch zu zerschneiden – besteht meist aus zwei Metallstäben, zwischen denen Drähte gespannt sind

Käsehorden: Stapelbare Käsepaletten, auf denen der Käse während der Reifung gelagert wird

Käsekessel: Gefäße, in denen der Milchverarbeitungsvorgang stattfindet

Labersatzstoffe: Entweder Pilzarten, die speziell für die Milchgerinnung kultiviert wurden – oder gentechnisch veränderte Mikroorganismen

Lichtmethode: Um den Fortpflanzungszyklus von Schafen und Ziegen beeinflussen zu können, werden die Lichtverhältnisse in den Ställen so gesteuert, dass künstlich Sommer beziehungsweise Winter simuliert wird

Lochbildung: Entstehung von Hohlräumen im Käselaib durch Kohlendioxid

Mikrobielles Lab: Wird aus Bakterien oder Pilzen extrahiert

Molke: Der flüssige Bestandteil der geronnenen Milch

Molkenaustritt: Starkes Rühren fördert den Feuchtigkeitsverlust im Bruchkorn und ergibt festere Käse; schwaches Rühren reduziert den Molkenaustritt und ergibt weichere Käse

Nachwärmen: Der bereits zerteilte Bruch wird in der Molke nochmals erwärmt, um ihm weitere Flüssigkeit zu entziehen

Pasteurisieren: Ein Verfahren, bei der Rohmilch durch
Hocherhitzung   > 85 °C / > 5 Sekunden,
Kurzzeiterhitzung   > 72 °C / 15–30 Sekunden oder
Dauererhitzung   62–65 °C / 30–32 Minuten
haltbar gemacht wird

Pikieren: Das Durchstechen der Käselaibe mit einem Nagelbrett oder einem Pikierstab

Pressen: Der Käseteig wird gepresst, um das Abtropfen der Molke zu beschleunigen

Reifegrad: Wird normalerweise in vier Stufen eingeteilt: viertelreif, halbreif, dreiviertelreif, vollreif – nur bei Ziegenkäse spricht man von frisch, halbtrocken und trocken

Reifekulturen: Aus verschiedenen Mikroorganismen bestehende Rein- oder Mischkulturen, die durch Enzyme Eiweiß und Fett im Käse abbauen und so verschiedene Aromen und Geschmacksstoffe bilden

Rohmilchkäse: Käse aus Milch, die zu Beginn des Käsereiprozesses nur bis maximal 40 °C erwärmt wird und ansonsten keinerlei Behandlung durchläuft

Serviertemperatur: Käse sollte nicht zu kalt gegessen werden – optimal sind 18 Grad, also knapp unter Zimmertemperatur

Schimmelkulturen: Speziell gezüchtete Oberflächen- und Innenschimmelkulturen, die dem Käse aufgesprüht oder eingeimpft werden

Traditionskäse: Alle Käse, die handwerklich und auf traditionelle Art hergestellt werden und deren Rezepturen oft schon einige hundert Jahre alt sind

Tölzer Käsefestival: Von Susanne und Wolfgang Hofmann gegründetes Forum für handwerklich hergestellten Käse

Umami: Neben süß, salzig, sauer und bitter die fünfte Geschmacksdimension, häufig einfach als »schmackhaft« bezeichnet – wird hervorgerufen durch die chemische Verbindung Glutamat, das heißt durch die Salze der Glutaminsäure, die in fast allen proteinhaltigen Lebensmitteln vorkommen, so auch im Käse

Verkäsung: Die Verarbeitung von Milch zu Käse

Susanne Hofmann
und das Familienunternehmen »Tölzer Kasladen«

1972 gründeten die Eltern von Susanne und Wolfgang Hofmann den Tölzer Kasladen, um die in der familieneigenen Molkerei hergestellten Produkte und qualitativ hochwertigen Käse aus Europa direkt anbieten zu können. Der Erfolg war umwerfend und bereits nach zwei Jahren entschloss man sich, die eigene Produktion aufzugeben und sich ganz der Reife und der Pflege von handwerklich gefertigten Käserohlingen zu widmen.

1984 stieg Susanne Hofmann in das Familiengeschäft ein und eröffnete auf dem Münchner Viktualienmarkt ihren »Tölzer Kasladen«, in dem neben dem Stammgeschäft mit den Reifekellern in Bad Tölz und einem weiteren Geschäft in Landshut die feinsten Rohmilchkäse Europas verkauft werden.

Susanne Hofmann trägt den Titel »Maître Fromager« – »Käsemeisterin«, eine Auszeichnung der »Confrérie des Chevaliers du Taste Fromage de France« oder wie sie in der deutschen Übersetzung heißt, der »Bruderschaft der Ritter der Käsefeinschmecker Frankreichs«. Außerdem ist sie Jurymitglied des französischen Landwirtschaftsministeriums zur Qualitätsbestimmung der Käse, Buchautorin und Ratgeberin für Journalisten in allen Belangen rund um den Käse, gemeinsam mit ihrem Bruder Wolfgang Initiatorin und Organisatorin des Tölzer Käsefestivals und Gründerin der Käse-Akademie, die als erste ihrer Art in Europa eine vierzehntägige Fachausbildung zum Fromelier oder zur Fromelière anbietet.

Die große Leidenschaft der Geschwister Hofmann gilt dem handwerklich und traditionell hergestellten Rohmilchkäse aus Hof- und Dorfkäsereien, Alpbetrieben und Klöstern. So unterstützen und fördern sie den Verband für handwerkliche Milchverarbeitung im ökologischen Landbau e. V. und die Entstehung neuer Hofkäsereien – und damit die Entwicklung der Rohmilchkäsekultur in Deutschland und Europa!

Über die Fotografinnen

Ulrike Schmid und **Sabine Mader** arbeiten seit Jahren als Team in ihrem Foodstudio **Fotos mit Geschmack** für renommierte Verlage und Agenturen. Sie leben mit ihren Familien im Fünf-Seen-Land zwischen Starnberger See und Ammersee und fotografieren am liebsten da, wo Licht und Stimmung am schönsten sind. Ihre Bücher wurden mehrfach ausgezeichnet.

Impressum

Bibliografische Information der Deutschen Nationalbibliothek
Die Deutsche Nationalbibliothek verzeichnet diese Publikation in der Deutschen Nationalbibliografie; detaillierte bibliografische Daten sind im Internet über http://dnb.d-nb.de abrufbar.

BLV Buchverlag
GmbH & Co. KG
80797 München

© 2013 BLV Buchverlag GmbH & Co. KG, München

Bildnachweis:
Alle Fotos von: Fotos mit Geschmack, Sabine Mader & Ulrike Schmid.
Außer: Susanne Hofmann: S. 14, 15, 22, 27, 47 rechts, 60, 153, 160; Odile Hain: S. 17, 66, 67, 83; Landesvereinigung d. Bayer. Milchwirtschaft e. V.: S. 32, 35; Sarah Weiß: S. 34

Mitarbeit Käserezepte für die Hofkäserei: Marc Albrecht-Seidel (»Die Hofkäserei«)
Redaktionelle Mitarbeit: Cornelia Trischberger
Umschlagkonzeption: Kochan & Partner, München
Umschlagfotos: Fotos mit Geschmack, Sabine Mader & Ulrike Schmid
Lektorat: Sarah Weiß
Herstellung: Ruth Bost
Layoutkonzept Innenteil und Satz: griesbeckdesign, München

Gedruckt auf chlorfrei gebleichtem Papier

Printed in Germany
ISBN 978-3-8354-1109-8

Hinweis
Das vorliegende Buch wurde sorgfältig erarbeitet. Dennoch erfolgen alle Angaben ohne Gewähr. Weder Autorin noch Verlag können für eventuelle Nachteile oder Schäden, die aus den im Buch vorgestellten Informationen resultieren, eine Haftung übernehmen.

Ein Genuss für Leib und Seele: frisches Brot – selbst gebacken!

Annelie Wagenstaller
Brot-Zeit!
Brot backen mit der Müllermeisterin: 50 regionale und internationale
Brotsorten · Die besten Rezepte mit Schritt-für-Schritt-Anleitungen
und Profitipps · Alles über Korn und Mehl, das Müllerhandwerk, Brot-
Tradition und Brauchtum · Brotaufstriche, Süßes aus Brotteig, Tipps
zur Lagerung.
ISBN 978-3-8354-1172-2